Manual de QuickBooks en Español – Guía para latinos
Copyright © 2006-2019 by ServerCom USA Corp.

All contents copyright © 2006-20019 by ServerCom USA Corp. A document or the related files may be reproduced or transmitted photocopying, recording, or otherwise) without the prior written permission of the p

Limit of Liability and Disclaimer of Warranty

The publisher has used its best efforts in preparing this book, and the information provided herein is provided "as is." ServerCom USA Corp. makes no representation or warranties with respect to the accuracy or completeness of the contents of this book and specifically disclaims any implied warranties of merchantability or fitness for any particular purpose and shall in no event be liable for any loss of profit or any other commercial damage, including but not limited to special, incidental, consequential, or other damages.

Trademarks

This book identifies product names and services known to be trademarks, registered trademarks, or service marks of their respective holders. They are used throughout this book in an editorial fashion only.

In addition, terms suspected of being trademarks, registered trademarks, or service marks have been appropriately capitalized, although ServerCom USA Corp. cannot attest to the accuracy of this information.

Use of a term in this book should not be regarded as affecting the validity of any trademark, registered trademark, or service mark. ServerCom USA Corp. is not associated with any product or vendor mentioned in this book.

BIENVENIDOS A QUICKBOOKS

Quickbooks de Intuit es el programa de contabilidad líder para compañías de pequeño y mediano tamaño en USA. Quickbooks 2019, ofrece una gran cantidad de características y una interfaz fácil de usar, este manual o guía te enseñará todo lo que necesitas saber para empezar con Quickbooks y sobresalir con tus habilidades en un trabajo o tu propia empresa.

COMPRENDIENDO LA CONTABILIDAD DE QUICKBOOKS

QuickBooks automatiza la contabilidad, efectuando el seguimiento de las transacciones a lo largo del ciclo contable, desde la creación de órdenes de compra y recepción de artículos hasta la venta de bienes y servicios y el ingreso de los pagos.

QuickBooks usa cuentas con el propósito de agrupar los datos financieros. El estado de cuentas de balance se realiza haciendo un seguimiento de los Activos (**Assets**) y los Pasivos (**Liabilities**) : El activo se considera lo que tu compañía posee, incluso dinero en efectivo (**Cash**), inventario, equipo, edificios y dinero adeudado por tus clientes (**Account Receivable**); por otro lado las cuentas de pasivo o responsabilidad rastrean las deudas de tu compañía, incluyendo préstamos, deudas de tarjeta de crédito, impuestos y las cuentas por pagar(**Account Payable**), lo que debes a los proveedores. Las cuentas patrimoniales (**Equity Accounts**) rastrean ganancias retenidas por el crecimiento comercial o inversiones hechas en la compañía por sus dueños. A medida que tu ingresas las órdenes de compra (**Purchase Orders**), cuentas x pagar (**Bills**), facturas (**Invoices**) y pagos (**Payments**) en QuickBooks, sea asocia a cada uno de éstos con una cuenta en particular de activo, pasivo o patrimonial.

Esta es la base fundamental para el proceso automatizado del estado de cuentas u hoja de balance (**Balance Sheet**) usando el programa de QuickBooks. Un estado de cuentas describe la salud financiera de tu compañía y es calculado basado en la fórmula simple: Activos = Pasivos + Equidad patrimonial. La mayor parte del poder de QuickBooks viene de su capacidad de rastrear transacciones complejas, interrelacionadas y como ellas contribuyen a esta fórmula. Mientras mantengas completos los registros y asocies las transacciones ingresadas con las cuentas apropiadas, QuickBooks manejará la mayor parte de la complejidad de la contabilidad de la empresa por ti.

Esta sección te enseñara como puedes configurar tu negocio en QuickBooks. Esta es una sesión larga que a medida que se avanza a través del proceso de configuración te enseña todo lo que necesitas para empezar con el programa de Quickbooks en tu compañía.

ABRIENDO QUICKBOOKS (OPENING QUICKBOOKS)

La primera vez que ejecute QuickBooks, después de la instalación, ¡muestra una ventana emergente de configurar la empresa "Let's set up your business!"**,** si la cerramos veremos la pantalla principal de QuickBooks cuando no se tiene ningún archivo de empresa abierto, (**No Company Open**), como se muestra en la Figura de abajo. Estas dos ventanas son cercanas o están relacionadas, pero no son exactamente la misma pantalla con igual funcionalidad. El resto de este capítulo te indica cuándo y cómo utilizar cada una de ellas.

Let's set up your business!

Answer some basic questions and we'll do the rest. You can always make changes later.

Start Setup

Other Options ▼   Open or convert existing files from QuickBooks or other software or set this file up on behalf of someone else.

No Company Open
Select a company that you've previously opened and click Open

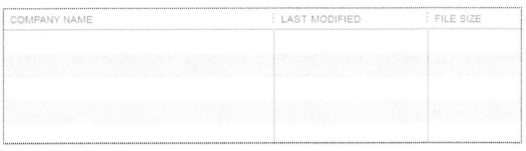

Open

Edit List

LOCATION:

Create a new company

Open or restore an existing company

Open a sample file

CONFIGURACIÓN DEL NEGOCIO EN QUICKBOOKS

Para crear un nuevo archivo de compañía puedes hacerlo de las 3 siguientes maneras:

A. Usando el botón de iniciar configuración (**Start Setup**) que está en la pantalla principal, el cual te configura la nueva compañía rápidamente y con pocas preguntas. Si por alguna razón esta ventana no aparece entonces puedes usar el menú Archivo (**File**) para acceder a la configuración inicial.

- **Paso 1.** Abre el menú de Archivo (**File**)
- **Paso 2.** Selecciona Nueva compañía (**New Company**).
- **Paso 3.** Haz Click Crear en el botón Iniciar configuración (**Start Setup**)

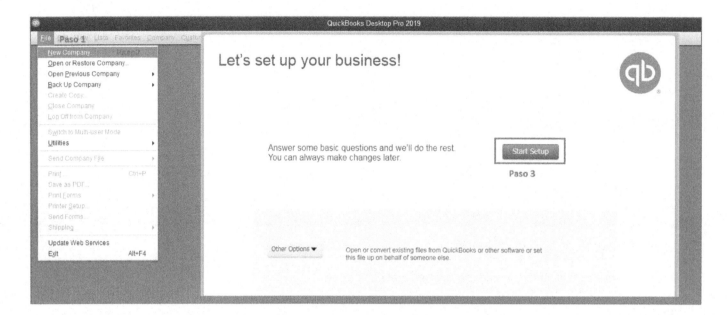

B. Si tienes conocimientos sólidos en contabilidad puedes usar Configuración Avanzada (**Advanced Setup**) la cual inicia una serie de preguntas detalladas mediante una entrevista (**EasyStep Interview**). Esta opción la puedes encontrar en la lista desplegable de Otras Opciones (**Other Options**), en la pantalla inicial.

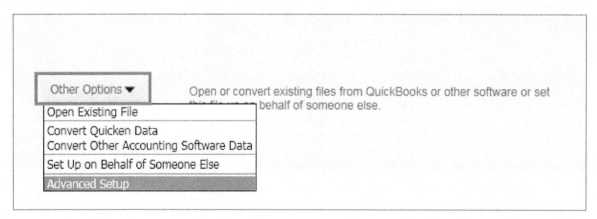

Para efectos prácticos utilizaremos la opción **A**. Iniciar configuración (**Start Setup)** que te preguntará el mínimo de información requerida y luego puedes llenar los detalles posteriormente. También es recomendable hablar con tu contador para saber el tipo de empresa tienes, el identificador de impuestos (**Tax ID**), la industria que perteneces, etc.

El proceso de comienza con la pantalla de Entrar la dirección de email / Clave (**Enter your email address / Password**) para crear una cuenta con la empresa Intuit quien es la propietaria del programa Quickbooks, en nuestro caso podemos omitir este paso haciendo Click en el botón Saltar (**Skip**)

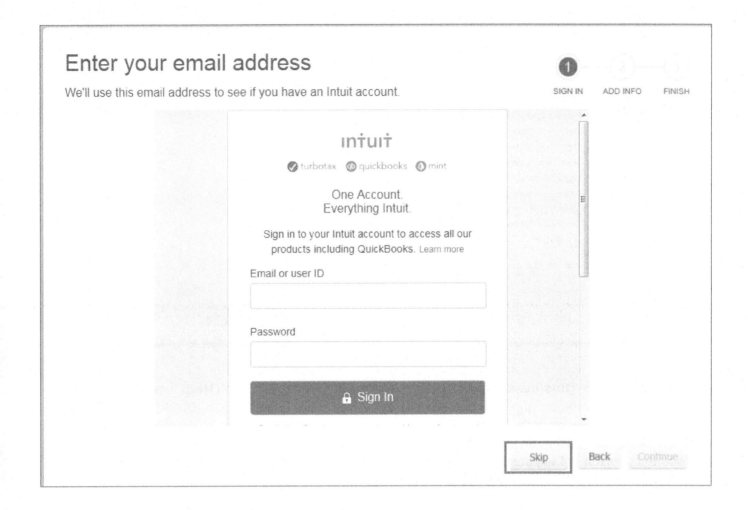

HABLANOS ACERCA DE TU NEGOCIO (GLAD YOU'RE HERE TELL US ABOUT YOUR BUSSINESS)

En esta pantalla se ingresa la información fundamental de su empresa y basado en esto Quickbooks configura muchas de las preferencias.

- Nombre del Negocio o Empresa (**Business Name**): En este cuadro de texto escriba el nombre del negocio que aparece en sus facturas o reportes, QuickBooks también lo usara para nombrar el archivo creado.

- Industria (**Industry**): Abre la lista haciendo Click en Ayúdame a escoger (**Help me Choose**) y selecciona el sector que mejor se adapte a su tipo de negocio.

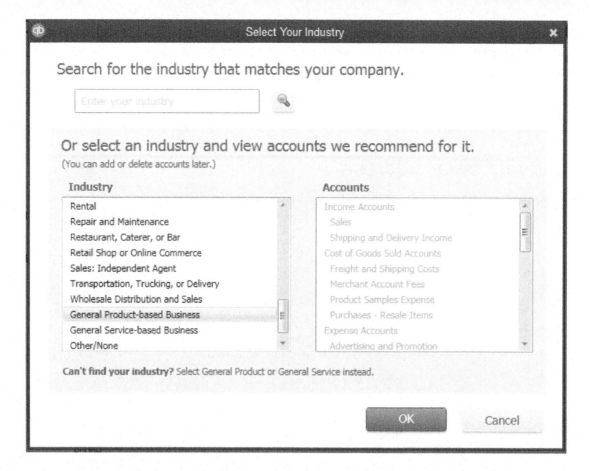

- Tipo de negocio (**Business Type**): Utiliza lista Ayúdame a escoger (**Help me Choose**) para seleccionar la forma en que tu empresa está organizada con fines fiscales. QuickBooks utilizará la selección para asociar cada cuenta de ingresos y gastos con los impuestos correspondientes de las líneas de su declaración de impuestos, por lo que es más fácil para ti o tu contador en la preparación de la declaración del impuesto sobre la renta (**Income Tax**). Si tienes dudas habla con tu contador para saber el tipo de empresa que tienes registrada.

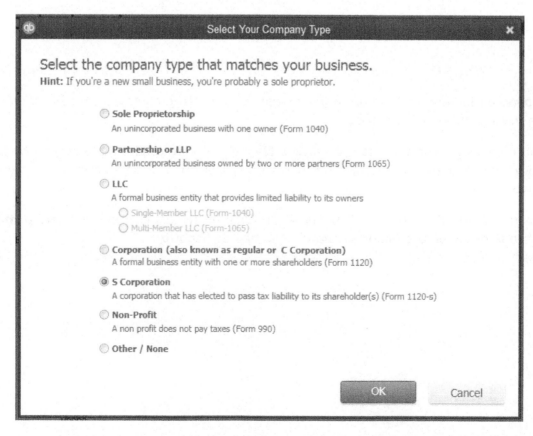

- Número de identificación del Empleador (**EIN Number**): En este cuadro de texto se escribe el número de impuestos federal (**Federal Tax ID number**) el cual es usado cuando se declaran los impuestos. Tu usarás el **EIN** si tu compañía es una Corporación o Sociedad (**Partnership**) o tienes empleados. De lo contrario tu identificador de impuestos puede ser el número de Seguro Social (**Social Security Number**) o el número de Identificación individual de impuestos (**ITIN**).

- Dirección y teléfono del negocio: En los siguientes cuadros te texto debes escribir la dirección (**Business Address**), Ciudad (**City**), Estado (**State**), Código Postal (**ZIP code**), País (**Country**) y Teléfono (**Phone**).

Glad you're here!
Tell us about your business so we can give you the right tools for what you do.

SIGN IN   ADD INFO   FINISH

* Business Name: Company 123
* Industry: General Product-based Business   Help me choose
* Business Type: S Corporation   Help me choose
Employer Identification Number (EIN): 12 3456789
Business Address: 1010 Sample RD
City: Miami
State: FL   ZIP: 11000
Country: U.S.
Phone: 305-1234567

*Required
Intuit's Privacy Statement

Back   Create Company

Por último, hacemos Click en Crear Compañía (**Create Company**), esperamos mientras se crea el archivo donde almacenara la información de la empresa. El archivo generalmente quedará localizado en: **Documents\Intuit\QuickBooks\Company Files\Company 123.qbw.**

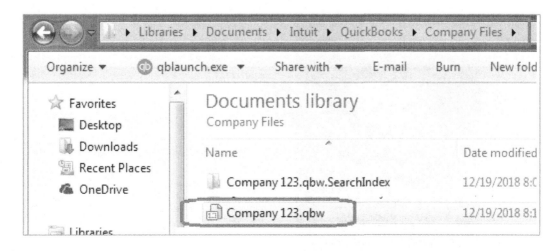

Finalizando en la pantalla principal cuando un archivo de compañía es abierto

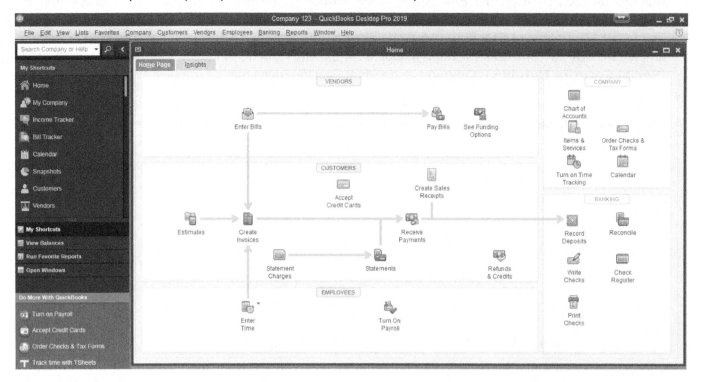

ACERCA DEL AÑO FISCAL (FISCAL YEAR)

Está configurado en forma predetermina el mes de Enero (**January**) como el primer mes del año fiscal, lo cual hace más fácil preparar la empresa en la declaración de impuestos. Si por alguna razón necesita empezar el año fiscal en otro mes, con los siguientes pasos puede acceder a la ventana de modificar año fiscal (**Fiscal Year**):

- **Paso 1.** Ir a la opción compañía (**Company**) menú principal.

- **Paso 2**. Click en Mi compañía (**My Company**).

- **Paso 3.** Click en el icono del lápiz, localizado en la parte derecha del título Información de la compañía (**Company Information**).

- **Paso 4.** Click en la opción Información de Reportes (**Report Information**). En esta pantalla puedes cambiar el Año fiscal (**Fiscal Year**) y el Año de contribuciones (**Tax Year**), haciendo Click en la lista desplegable correspondiente y Click en **OK** para aceptar los cambios.

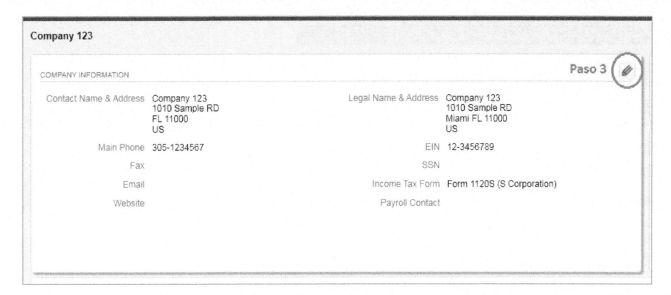

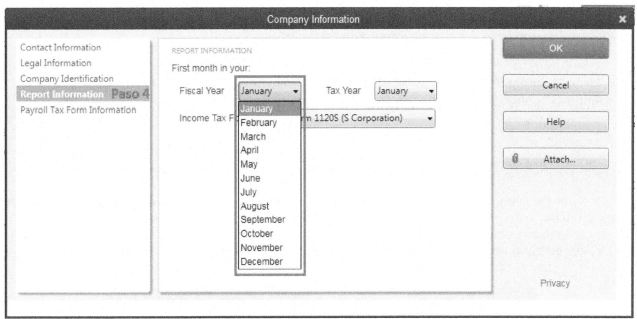

LA CLAVE DEL USUARIO ADMINISTRADOR (PASSWORD ADMINISTRATOR)

Quickbooks exige una clave para el usuario administrador (**Admin**), en este momento no se ha asignado ninguna. Así que, si cierras el programa y lo abres, el programa te preguntará por una clave (**Password**) para el usuario Admin. Siguiendo los pasos una clave será asignada:

- **Paso 1.** Escribe el cuadro de texto Nueva Clave (**New Password**) y lo reconfirmas usando el otro cuadro de Texto (**Confirm New Password**). La clave debe tener al menos 7 caracteres entre letras y números incluyendo una letra mayúscula.

- **Paso 2.** Selecciona una Pregunta (**Challenge Question**) de la lista desplegable y escribe una respuesta (**Answer**). Esto es con el fin de recuperar la clave del administrador en caso de que se te olvide.

- **Paso 3.** Click en **OK**

Lo anterior también puede ser hecho usando la opción de Compañía (**Company**) > Configurar Usuarios y Claves (**Setup Users and Passwords**), que se hablará más adelante en el capítulo dedicado a configuración en red y múltiples usuarios.

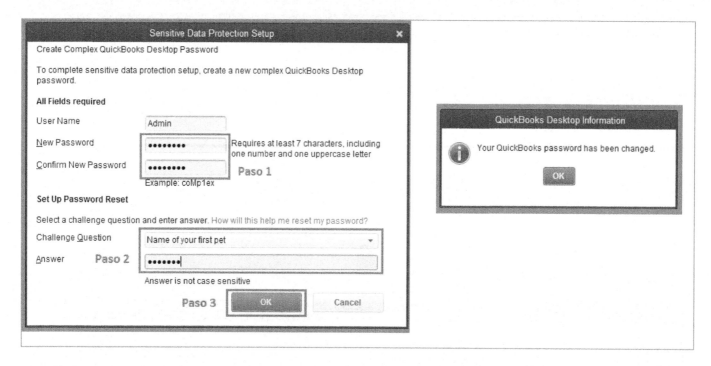

Haz Click en Ir al configurador (**Go to Setup**) para empezar a configurar la información básica de tu negocio usando el configurador de QuickBooks (**Quickbooks Setup**).

LOCALICE SU ARCHIVO DE EMPRESA (LOCATE YOUR COMPANY FILE)

Cuando inicias el Quickbooks por defecto intenta abrir el ultimo archivo de empresa (**Company File**) previamente usado, este archivo posee la extensión **.QBW** y representa toda la información o base de datos de la compañía o empresa. Si quieres abrir otro archivo de empresa da Click en el botón Cancelar (**Cancel**) y aparecerá la ventana de Ninguna Compañía Abierta (**No Company Open).**

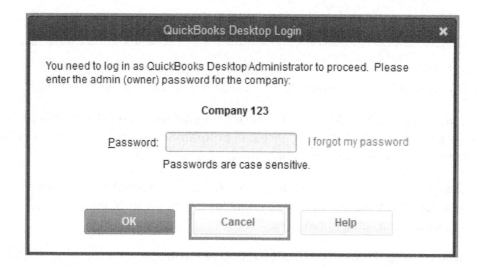

Busca el archivo de compañía la lista previamente abiertos, haz Click sobre el que necesites y luego Click en Abrir (**Open**), normalmente de debe pedir la clave de entrada (**Password**). Ten en cuenta que cada archivo de compañía tiene su propia clave

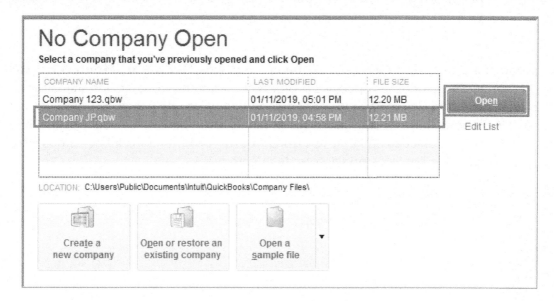

Si por alguna razón no puedes encontrar el Archivo de tu compañía, puedes ir a la carpeta (**Folder**) donde QuickBooks guarda los archivos de empresa, generalmente localizados en:
Documents\Intuit\QuickBooks\Company Files\Company 123.qbw.

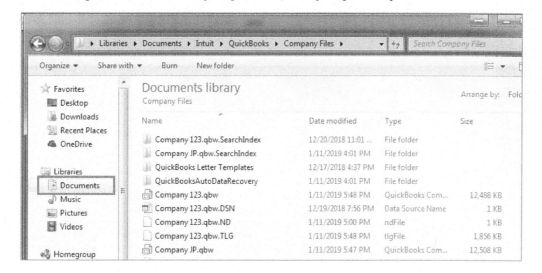

Por último, si no logras encontrar el archivo de la empresa o compañía, tienes que usar la búsqueda de Windows haciendo Click en **Start > Search** o en las versiones nuevas de Windows 10 localizar el cuadro de búsqueda de explorador de archivos (**Search File Explorer**) ubicado en la barra de tareas (**Task Bar**) en la parte inferior izquierda. Luego dentro del cuadro escribimos ***.QBW** para que busque todos los archivos de empresa existentes creados en Quickbooks.

BARRAS DE HERRAMIENTAS (TOOL BARS)

QuickBooks proporciona una serie de Barras de menús e iconos (**Icon Bar, Menu Bar, Home Page**) donde puedes tener acceso a todas las opciones posibles del programa. Una opción o una tarea específica puede alcanzarse usando diferentes caminos dependiendo del gusto del usuario. Comúnmente se usa la Barra de Menús (**Menu Bar**) para operar las opciones del usuario, pero otros usuarios prefieren usar las Barra de Iconos (**Icon Bar**) ubicada en la parte izquierda usar la ventana inicial de iconos (**Home Page**) que visualmente describe los procesos principales de la compañía.

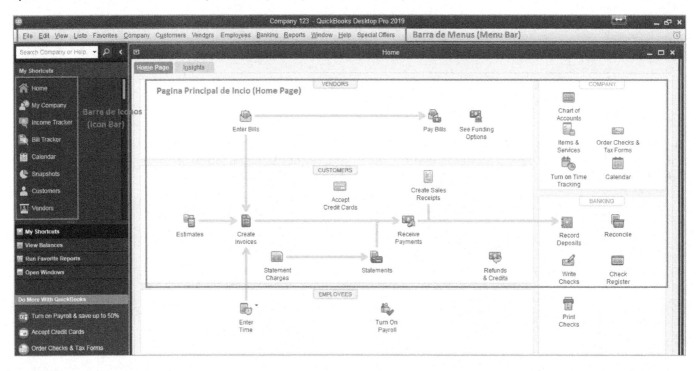

BARRA DE MENUS (MENU BAR)

En la parte superior de Quickbooks justo debajo del título de la ventana podemos observar la barra de menús la cual nos da acceso a prácticamente todas las opciones y tareas que podemos realizar con el programa. Cada opción a su vez despliega submenús que detallan específicamente lo que buscamos hacer. Entre las opciones más importantes del menú tenemos:

- **File:** Crear / abrir archivos de compañía, Hacer copias de seguridad (**Backups**), Manejo de impresión, Envió de formas por email, Utilidades varias, Manejo de Envíos (**Shipping**).

- **Edit:** Usado para acceder a preferencias de la compañía, la calculadora y funciones para buscar (**Find / Search**).

- **View**: Manejo y Personalización (**Customize**) de Ventanas, Barras, Iconos, Columnas, etc.

- **Lists**: Aquí tenemos acceso a las principales Listas (**List**) que constituyen la información básica necesaria para operar la compañía. Se crean y editan cuentas (**Account List**), productos (**Item List**), Listas de precios (**Price List**), Códigos, etc.

- **Favorites:** Usado para acceder a tus opciones favoritas o más comúnmente usadas.

- **Company**: Es usada para acceder a la información de la Empresa o Compañía como: Nombre, dirección, impuestos, etc. así como también al presupuesto y flujo de caja, aquí también puedes mostrar la pantalla característica de inicio donde se muestra el grafico interactivo que representa el flujo de la información de la compañía (**Home Page Screen**).

- **Customers**: Accede a los Centro de Clientes (**Customer Center**) y otras opciones / actividades relacionadas con los clientes.

- **Vendors:** Accede al Centro de proveedores (**Vendor Center**) y otras opciones / actividades relacionadas con los proveedores.

- **Employees:** Accede al Centro de Empleados (**Employee Center**) y Funciones relacionadas con la Nómina (**Payroll**). Muchas compañías utilizan un servicio de otra empresa para las transacciones y procesamiento de la nómina, en este caso no es necesario usar este menú.

- **Banking:** Esta opción es usada para acceder a las actividades relacionadas con los bancos como cheques, depósitos, tarjetas de crédito, transferencias, reconciliaciones, etc.

- **Reports:** Accede a los reportes o informes generados por QuickBooks, basados en las transacciones diarias de la compañía.

- **Window:** Usada para cambiar entre diferentes ventanas abiertas y organizar como son desplegadas.

- **Help:** Accede a los recursos de ayuda del Quickbooks

- **Special offers**: Proporciona enlaces adicionales (**Links**) ofrecidos por Intuit.

BARRA DE ICONOS (ICON BAR)

QuickBooks ha añadido nuevos iconos a la barra de iconos **(Icon Bar)** para facilitar la navegación de las opciones de: Mi compañía (**My Company**), Clientes (**Customers**), Proveedores (**Vendors**), empleados (**Employees**), Centros de Informes (**Report Centers**), Rastreo de Ingresos (**Income Tracker**), Rastreo de Cuentas por Pagar (**Bill Tracker**), etc.

Esta barra generalmente se muestra en el la do izquierdo de la pantalla principal, pero también puede mostrarse en la parte superior usando la opción del Menu Ver (**View**) > Barra Superior (**Top Icon Bar**)

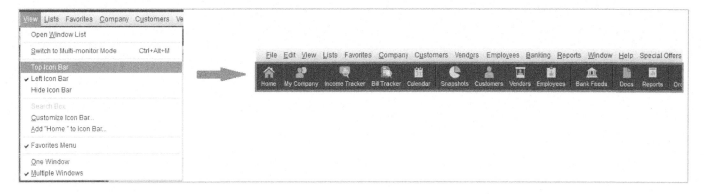

Puedes también ocultarla usando la Opción **View > Hide Icon Bar.**

Para tener acceso rápido a las zonas de QuickBooks que utilizas con frecuencia, considera la posibilidad de personalizar (**Customize**) tu barra de iconos, adicionando las tareas y los reportes que tu abres diariamente o semanalmente. Los iconos que no utilizas también se pueden quitar fácilmente. Mediante el Menu Ver (**View**) > Personalizar Barra de Iconos (**Customize Icon Bar**).

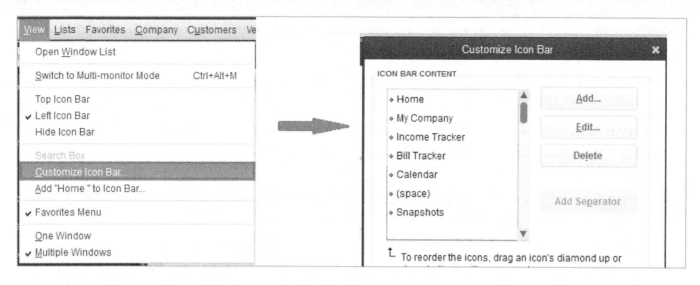

VENTANA PRINCIPAL DE INICIO (HOME PAGE)

La página principal (**Home Page**) de QuickBooks ofrece en forma gráfica un fácil acceso a los datos y las tareas cotidianas. La página principal se muestra al abrir un archivo QuickBooks. Si por alguna razón cierras esta ventana, puedes mostrarla nuevamente haciendo Click en la opción **Company > Home Page**

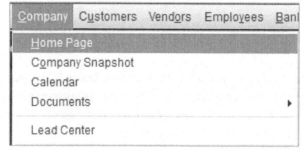

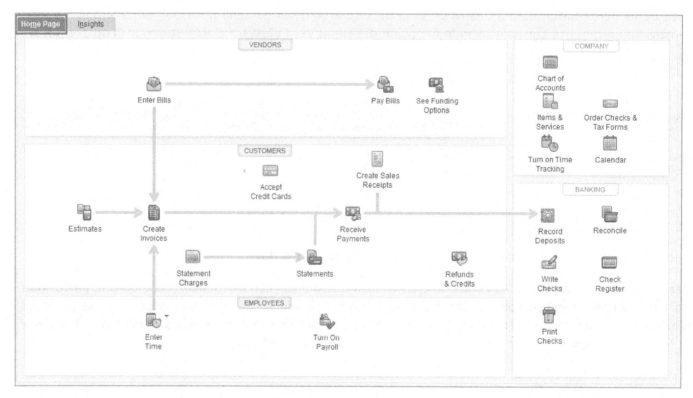

Por último, también puedes controlar que iconos son mostrados en la página de inicio. Para mostrar u ocultar iconos en la página de inicio: Ir al menú Editar (**Edit.**) > Preferencias (**Preferences**) > Vista de Escritorio (**Desktop View**) > Preferencias de Compañía (**Company Preferences**). Aquí selecciona la característica que quieres mostrar u ocultar.

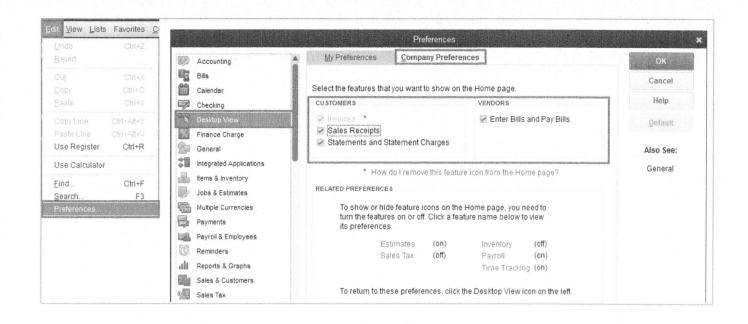

¿QUÉ ES LO NUEVO? (WHAT'S NEW)

QuickBooks es fácil de usar, pero si tienes alguna pregunta sobre cómo utilizar una característica específica, o tienes curiosidad sobre qué se ha añadido en los últimos años, visita la sección ¿Qué es lo nuevo? **(What's New)** en el Centro de Aprendizaje de QuickBooks. Si tienes preguntas adicionales, Quickbooks / Intuit, te ofrece soporte gratuito durante 30 días para las preguntas realizadas en línea, por supuesto si haz comprado una licencia válida de algún programa.

Para visitar el Centro de Aprendizaje (**Learning Center**) haz Click en Ayuda (**Help**) > Nuevas Característica (**New Fatures**) y haz Click en Tour por lo nuevo (**New Feature Tour**) o por la opción Que es lo nuevo (**What´s New**).

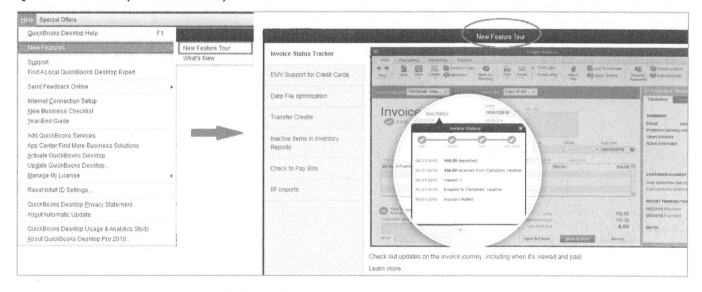

ADICIONAR LA INFORMACIÓN BÁSICA (ADD THE BASIC INFORMATION)

QuickBooks tiene una opción para configurar la información más importante requerida para empezar a trabajar con las transacciones diarias de la empresa mediante los siguientes pasos:

- **Paso 1.** Ir al menú Compañía (**Company**).

- **Paso 2.** Ir a la opción Entrar detalles del Negocio en cantidad (**Bulk Enter Business Detail**).

- **Paso 3.** Haz Click en Adicionar (**Add**) de cada opción para empezar el registro.

Te aparecen 3 Opciones para adicionar información que te explicaremos en detalle abajo, cada opción trae pequeños videos que te explican paso a paso como adicionar la información, los cuales puedes acceder usando los links en azul, **See how it Works** (**Ver cómo funciona**).

AÑADIR GENTE QUE HACE NEGOCIOS CONTIGO (ADD THE PEOPLE YOU DO BUSINESS WITH)

Tú puedes entrar manualmente o importar la información de los contactos que hacen negocios con tu empresa: Clientes (**Customers**), Proveedores (**Vendors**) y Empleados (**Employees**), con el fin de almacenar toda la información básica como Nombre, Dirección, Teléfono, email, fax, etc.

Si ya tienes un registro o base de datos de contactos en Outlook, Gmail o Yahoo!, los puedes importar directamente, si tienes una hoja Excel puedes hacer lo manualmente usando copiar (**Copy**) y pegar (**Paste**).

Cuando registres la información del contacto manualmente (**Enter manually**), debes especificar mediante un botón de opción si es un cliente (**Customer**), Proveedor (**Vendor**) o un empelado (**Employee**).

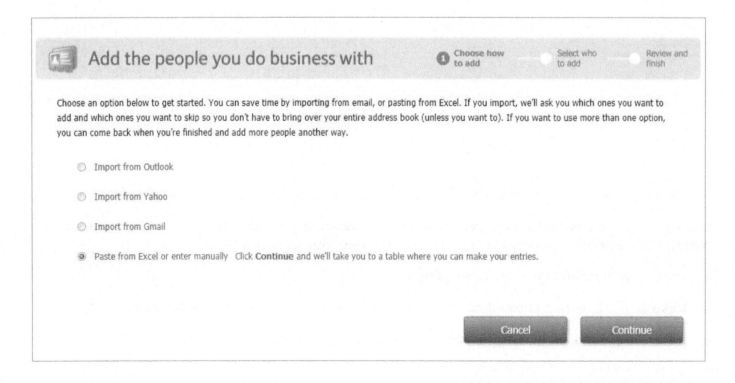

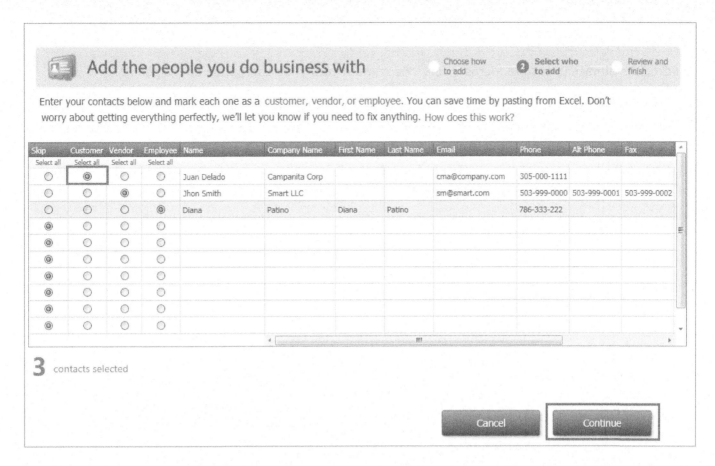

Luego haz Click en Continuar (**Continue**), QuickBbooks mostrará una pantalla con posibles errores como contactos duplicados en email o nombre, dirección, teléfono, etc. los puedes corregir usando el botón Arreglar (**Fix**). Luego haz Click en el botón Continuar (**Continue**) para guardarlos.

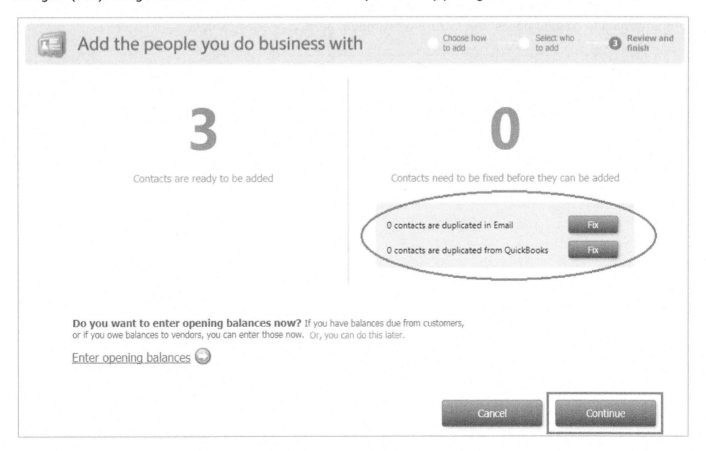

ADICIONAR PRODUCTOS Y SERVICIOS QUE VENDES (ADD THE PRODUCTS AND SERVICES YOU SELL)

Quickbooks almacena tus productos y servicios como **ítems** y los categoriza en 3 tipos:

- Servicio (**Service**): que consiste en horas de labor o en un cargo de instalación de algún trabajo.
- Parte o Producto sin inventario (**Non-Inventory part**): Representa un producto que tu vendes pero que no se registra o afecta el inventario, tal como materiales usados en un trabajo.
- Parte o Producto con Inventario (**Inventory Part**): Representa un producto que tu vendes que afecta tu inventario y tiene un seguimiento de Entradas, Salidas y Existencia (**Stock**).

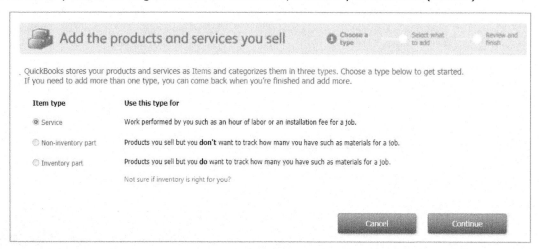

ADICIONANDO UN SERVICIO (SERVICE)

Para ingresar un servicio escoge la opción Servicio (**Service**) y haz Click en **Continue**, luego ingresa el Nombre, Descripción y Precio por defecto (**Default**) para el servicio. Ten en cuenta que el precio te sale predeterminado cuando hagas una factura o estimado, pero lo puedes cambiar si lo requieres.

Luego haz Click en Continuar (**Continue**), QuickBooks mostrará una pantalla con posibles errores como ítems duplicados o que ya existen (**Items already exist**) Click en el botón Arreglar (**Fix**) si es el caso, por último, Click en el botón Continuar (**Continue**) para guardarlos

ADICIONANDO UN PRODUCTO/ PARTE SIN INVENTARIO (NON-INVENTORY)

Haz Click en la Opción **Non-Inventory Part** y haz Click en **Continue,** si necesitas adicionar un producto el cual no deseas llevar su inventario. Ingresa el Nombre, Descripción, Precio y Número de Parte o Código. Click en Continuar (**Continue**), QuickBooks mostrará una pantalla con posibles errores como ítems duplicados o que ya existen (**Items already exist**) Click en el botón Arreglar (**Fix**) si es el caso. Por último, Click en el botón Continuar (**Continue**) para guardarlos.

ADICIONANDO UN PRODUCTO 0 PARTE CON INVENTARIO (INVENTORY PART)

Haz Click en la Opción **Inventory Part** y luego en **Continue,** si necesitas adicionar un producto el cual deseas controlar su inventario. Ingresa el Nombre (**Name**), Descripción (**Description**), Precio de venta (**Price**), Número de Parte de la fábrica (**Mfg Part#),** Costo (**Cost**), Cantidad en Inventario (**On Hand**), y la fecha en el cual tiene este inventario (**As of Date**). Quickbooks calculará el valor total del costo de cada ítem en inventario hasta la fecha.

Click en Continuar (**Continue**), QuickBooks mostrará una pantalla con posibles errores como ítems duplicados o que ya existen (**Items already exist**) Click en el botón Arreglar (**Fix**) si es el caso. Por último, Click en el botón Continuar (**Continue**) para guardarlos.

ADICIONANDO LAS CUENTAS DE BANCO (ADD YOUR BANK ACCOUNTS)

Esta opción te permite adicionar una o varias cuentas de banco que serán usadas en las transacciones de depósitos, pagos, monitorear saldos (**Balances**). Ingresa el nombre de la cuenta bancaria, numero de la cuenta bancaria, saldo o balance inicial (**Opening Balance**) y fecha del balance inicial (**Opening Balance Date**). Esto no te conecta con tu banco online, simplemente es para crear un registro de tu información bancaria básica para hacer seguimiento de entradas de dinero y gastos.

Luego haz Click en Continuar (**Continue**) y te saldrá una pantalla si deseas comprar cheques impresos con QuickBoooks, Click en No gracias (**No Thanks**) y Click nuevamente en Continuar (**Continue**) para guardar la información dada.

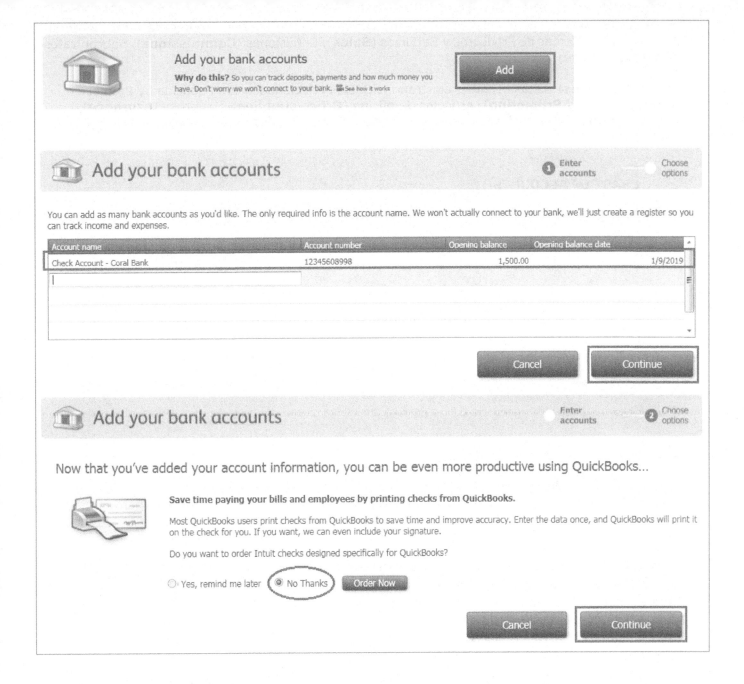

AÑADIENDO CUENTAS A SU PLAN DE CUENTAS (CHART OF ACCOUNTS)

Tu primera prioridad debe ser el plan de cuentas. QuickBooks ha creado algunas cuentas durante la configuración inicial de la compañía dependiendo del tipo de empresa, pero la mayoría de las compañías necesitan cuentas adicionales para llevar los libros contables con exactitud. Tú debes establecer primero el Plan de Cuentas (**Chart of Accounts**), porque algunas otras actividades que la empresa desarrolla requieren cuentas en el Plan de Cuentas. Por ejemplo, tu asignas los artículos que vendes a cuentas de ingresos y los gastos de nómina a cuentas de obligaciones y también a cuentas de gastos.

Básicamente en QuickBooks hay 4 secciones principales:

- Activos (**Assets**): Las cuentas de activos incluyendo lo que es propiedad nuestra que tiene algún valor como: Edificios (**Building**), Tierras (**Land**), Equipos (**Equipment**), Inventario (**Inventory**) también incluye Efectivo (**Cash**), Cuentas Bancarias (**Bank Accounts**), Cuentas por Cobrar (**Accounts Receivable**) entre otros.

- Pasivos (**Liabilities**): Incluye todo lo que debemos como: Préstamos bancarios (**Bank Loans**), Préstamos Hipotecarios (**Mortgage Loans**), Cuentas Por Pagar (**Accounts payable**), Impuestos de ingresos Atrasados (**Income tax payments due**), Impuestos de Nomina atrasados o vencidos (**Payroll taxes due**).

- Ingresos (**Income**): Las cuentas de Ingresos registran las diferentes fuentes de ingresos de su empresa como: Ventas de Productos y Servicios (**Sales**), Comisiones (**Commissions**), Subcontratos (**Sub-contractors**), etc.

- Gastos (**Expenses**): Estas cuentas registran los Gastos relacionados con Publicidad y Promoción (**Advertising and Promotion**), Artículos de oficina (**Office supplies**), Seguros (**Insurance**), Arriendo (**Rent**), Contribuciones a caridad (**Caritable contributions**), Gastos Legales (**Legal Fees**) etc.

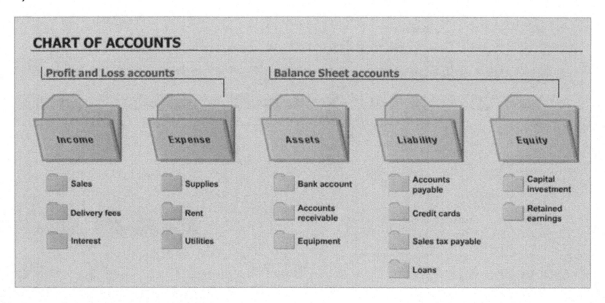

EL USO DE NÚMEROS DE CUENTAS

Al leer a través de la información sobre la configuración de cuentas, recuerda que estas numerando las cuentas en el Plan de Cuentas (**Chart of Accounts**). Hay un título adjunto al número, pero el método principal de ordenamiento de la lista de cuentas esta por número. Aunque QuickBooks utilice nombres de manera predeterminada, se puede cambiar a números de cuenta siguiendo los pasos:

- **Paso 1.** Escoge Editar (**Edit**) > Preferencias (**Preferences**) desde la barra de menú para abrir la caja de dialogo Preferencias (**Preferences**).
- **Paso 2**. Selecciona Contabilidad (**Accounting)** desde el panel izquierdo.
- **Paso 3.** Haz Click en la pestaña de Preferencias de la Compañía (**Company Preferences**).
- **Paso 4**. Marca la Casilla de Selección Use Números de Cuenta (**Use Account Numbers**).
- **Paso 5**. Haz Click en **OK** para guardar los cambios y asignar los números de cuenta.

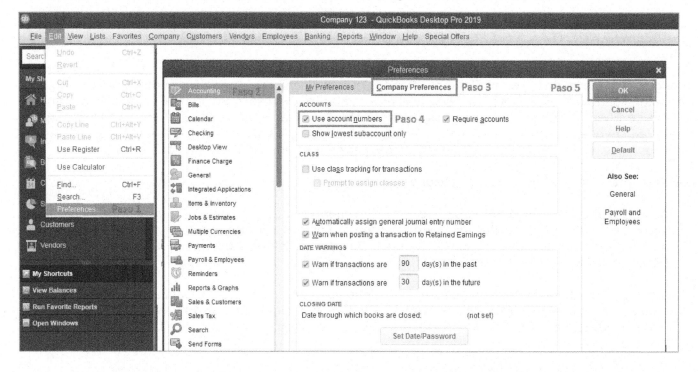

Cuando seleccionas la opción para utilizar los números de cuenta, la opción "Mostrar solamente subcuentas más abajo" (**Show Lowest Subaccount Only**) se habilita, permanecerá gris si no ha optado por utilizar los números de cuenta. Esta opción le indica a QuickBooks que muestre solamente la ventana de las subcuentas en vez de mostrar tanto la cuenta padre como la subcuenta, esto hace más fácil ver exactamente la cuenta afectada por la transacción.

El Plan de Cuentas (**Chart of Accounts**) numerado ayuda a tus libros y al contador a trabajar de manera más eficiente y sencilla. Si asignas rangos de números al plan de cuentas, los números te pueden dar una idea rápida sobre el tipo de cuenta con la que estás trabajando. En QuickBooks, encontrarás una estructura de cuentas como la que se muestra en la siguiente Tabla. Esta estructura utiliza números de cinco dígitos, es amigable y fácil de utilizar.

#Range		Acct Type
10000	14999	Bank
15000	15999	Accounts Receivable
16000	16999	Other Current Asset
17000	18999	Fixed Asset
19000	19999	Other Asset
20000	20999	Accounts Payable
21000	23999	Credit Card
24000	26999	Other Current Liability
27000	29999	Long Term Liability
30000	39999	Equity
40000	49999	Income
50000	59999	Cost of Goods Sold
60000	69999	Expense
70000	79999	Other Income
80000	89999	Other Expense
90000	99999	Nonposting

Utilizar un sistema de numeración como este deja mucho más espacio para nuevas cuentas, sobre todo en los gastos. La mayoría de las empresas necesitan más categorías de cuentas en los gastos que cualquier otra categoría.

NOMBRAMIENTO DE CUENTAS

Incluso si habilitas los números de cuenta, debes dar a cada cuenta un nombre y debes establecer un amplio estándar para llamar las cuentas. Tu estándar debe ser claro de forma que todos sigan el estándar, para que el nombramiento de las cuentas sea consistente.

Procura seguir las siguientes recomendaciones cuando vayas a crear los nombres de las cuentas:
- Evita apostrofes.
- Evita abreviaciones cuando sea posible.
- Decidir cuándo se utiliza el ampersand (**&**) y cuando el separador (**-**).
- Decidir donde permitir los espacios.

UTILIZANDO SUBCUENTAS

Las subcuentas proporcionan un modo de fijar las transacciones de forma más exacta usando subcategorías, para categorías de cuentas principales. Por ejemplo, si tu creas una cuenta de gastos para gastos de seguros, puedes querer tener subcuentas para el seguro de vehículo, seguro de responsabilidad civil, seguro de equipo, etc. Cuando creas informes, QuickBooks muestra los totales individuales para las subcuentas, junto con el gran total para la cuenta principal. Para crear una subcuenta, debes crear primero la cuenta principal, como se va a explicar en este capítulo.

Si utilizas números para las cuentas, cuando establezcas las cuentas principales (**Parents**), es bueno dejar bastantes números disponibles para que quepan todas las subcuentas que vas a necesitar. Planea incrementar los números de subcuenta de diez en diez. Por ejemplo, si tienes las siguientes cuentas principales:

- 63300 Seguros (**Insurance**)
- 68400 Viajes (**Travel**)
- 68600 Servicios Públicos (**Utilities**)

Puedes crear las siguientes subcuentas:

- 63310 Seguros: Responsabilidades Generales   (**Insurance:General Liability**)
- 63320 Seguros: Salud   (**Insurance:Health**)
- 63330 Seguros: Vida e Incapacidad   (**Insurance:Life and Disability**)
- 68410 Viajes: Ventas   (**Travel:Sales**)
- 68420 Viajes: Seminarios y Reuniones   (**Travel:Seminars and Meetings**)
- 68610 Servicios Públicos: Electricidad   (**Utilities:Electric**)
- 68620 Servicios Públicos: Gas   (**Utilities : Gas**)

Los "**:**" en los nombres de cuentas listados es adicionado automáticamente por QuickBooks para indicar la relación entre una cuenta principal y una subcuenta, tu solamente tienes que crear el nombre y el número de la subcuenta.

Además, QuickBooks despliega el plan de cuentas en forma jerárquica donde proporciona una señal visual sobre la relación de una cuenta con la otra. Para desplegar el plan de cuentas ir al menú Listas (**Lists**) > Plan de Cuentas (**Chart of Accounts**).

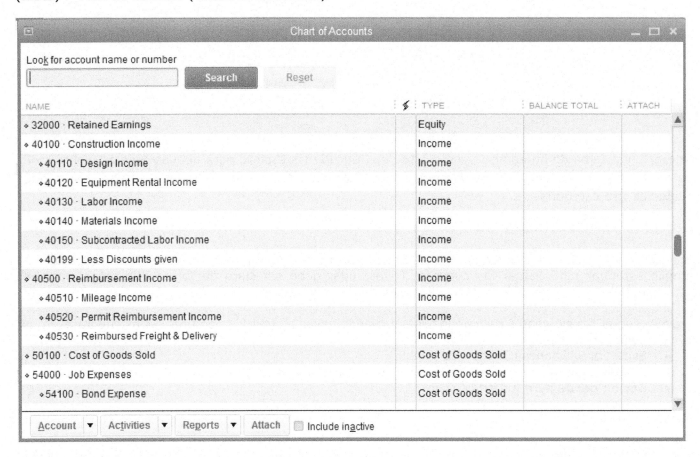

ADICIONANDO CUENTAS (ADD NEW ACCOUNT)

Después de que tengas realizada la tarea y hayas tomado las decisiones, creado tus estándares, y verificado con el contador, adicionar cuentas es bastante simple. Cuando adicionas una nueva cuenta, un asistente te ayudará a seleccionar el tipo correcto de cuenta.

Sigue los siguientes pasos para adicionar una cuenta desde la Ventana Plan de cuentas (**Chart of Accounts**):

- **Paso 1**. Presiona **CRTL+A** o haz Click en el menú **Lists > Chart of Accounts** Para abrir la ventana de Plan de Cuentas (**Chart of Accounts**).
- **Paso 2**. Presiona **CRTL+N** o haz Click en **Account > New** para ingresar una nueva cuenta.
- **Paso 3.** Luego aparece la ventana Seleccionar Tipo de Cuenta (**Choose Account Type),** proporcionando más información sobre los tipos de cuentas, para hacer más fácil la selección del tipo de cuenta correcta. Selecciona el tipo de cuenta que quieres crear y haz Click en Continuar (**Continue**).

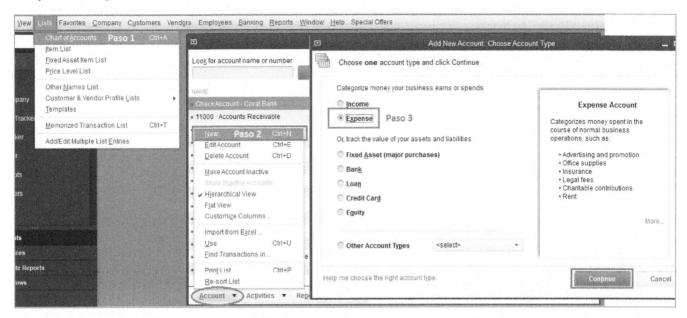

- **Paso 4**. La ventana Adicionar Nueva Cuenta (**Add New Account**) aparece para el tipo de cuenta que seleccionaste. Debido a que los diferentes tipos de cuentas requieren diferente tipo de información, la ventana que utilizas para crear la nueva cuenta cambia su apariencia de acuerdo al tipo de cuenta que hayas seleccionado. Escribe el tipo de cuenta (**Account Type**), el nombre (**Account Name**), y si haz permitido números de cuenta el número de cuenta (**Number**). Si es una subcuenta chequea el botón de (**Subaccount of**) y elige la cuenta padre. El campo de Nota (**Note**) y Descripción (**Description**) son opcionales. El campo **Tax-Line Mapping** lo puedes dejar así ya que solo es usado por contadores profesionales. Click en Guardar y Cerrar (**Save & Close**) para guardar la información.

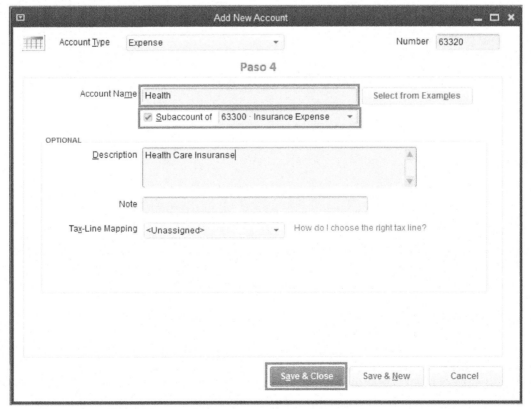

Algunos tipos de cuentas, por ejemplo, las cuentas vinculadas a los bancos, tienen un campo para un balance de apertura. Se recomienda no introducir los datos en ese ámbito cuando se está creando una cuenta. En cambio, véase el relacionado con Saldos (**Balances**), para entrar en detalles sobre los saldos iníciales para los distintos tipos de cuentas. Se recomienda un procedimiento alternativo para la apertura de los saldos que te ayude a hacer seguimiento de los detalles de los balances de apertura algo que sus contadores apreciaran.

Lo anterior es recomendado debido a que crear un Balance de apertura para la cuenta en este momento no permite a QuickBooks relacionar la cuenta con su correspondiente Cuenta de Banco. Como QuickBooks es un sistema de contabilidad necesitas conocer cada contrapartida de la cuenta relacionada, por lo tanto, ve al capítulo de Introducir las entradas de Diario para obtener más información sobre la entrada saldos o balances de apertura de cuentas.

EDITANDO CUENTAS (EDIT ACCOUNT)

Si tienes que hacer cambios en alguna información de una cuenta, incluso la adición de un número, selecciona la cuenta en la lista de Plan de Cuentas (**Chart of Accounts**) y presiona **CTRL+E** o haz Click en el botón **Account > Edit Account**. La ventana de Editar Cuentas (**Edit Account**) aparecerá.

Este cuadro de dialogo se tiene gran parecido con la ventana Cuenta Nueva (**New Account**) que tu utilizaste en la sección precedente. En esta ventana, puedes seleccionar la opción La Cuenta Esta Inactiva (**Account Is Inactive**), lo que significa que no será utilizada por otros mientras se hacen los cambios. Las cuentas inactivas por defecto no aparecen en la ventana del Plan de Cuentas (**Chart Of Accounts**) y en la lista desplegable de cuentas cuando llena las ventanas de transacciones. Haz los cambios y haz Click en **Save & Close** para salvarlos.

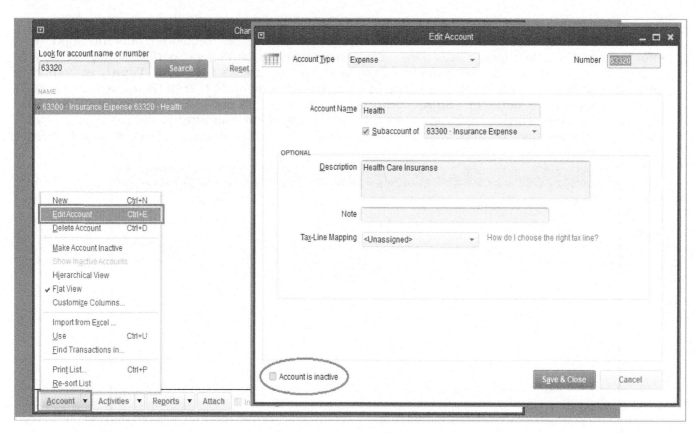

FUSIÓN /COMBINACIÓN DE CUENTAS (MERGING TWO ACCOUNTS).

Si sucede que accidentalmente creaste dos cuentas para un mismo propósito. Puedes fusionar estas cuentas para combinar tus balances dentro de una cuenta que vayas a utilizar en el futuro. Para fusionar cuentas, estas deben ser del mismo tipo de cuenta y debes trabajar en el modo de Usuario Único (**Single-User**).

Lleva a cabo los siguientes pasos para fusionar dos cuentas:

- **Paso 1**. Abre la ventana del Plan de Cuentas (**Chart Of Accounts**).
- **Paso 2**. Haz Click en la cuenta que NO quieras seguir utilizando en adelante.
- **Paso 3**. Presiona **Ctrl+E** para abrir el cuadro de dialogo Edición de Cuenta (**Edit Account**).
- **Paso 4.** Cambia el nombre de la cuenta (**Account Name**) y el número de cuenta (**Account Number**) para que coincida con la cuenta que deseas mantener.
- **Paso 5.** Haz Click en Guardar y Cerrar (**Save & Close**)
- **Paso 6.** QuickBooks te muestra una caja de dialogo diciéndote que el número de cuenta o nombre de cuenta ingresado ya existe para otra cuenta y te pregunta si deseas fusionar las cuentas. Haz Click en Si (**Yes**) para confirmar que desea fusionar estas dos cuentas.

CLIENTES Y TRABAJOS (CUSTOMERS AND JOBS)

QuickBooks maneja los clientes y trabajos juntos. Tú puedes crear a un cliente y considerar una parte o todo, puedes facturarle un solo trabajo o puedes establecer múltiples trabajos para el mismo cliente.

Algunos negocios no se preocupan acerca de los trabajos individuales; ellos rastrean sólo al cliente. Pero si tú eres un contratista o un subcontratista, un decorador de interiores, un asesor, o alguna otra clase de proveedor de servicio que, por lo general factura por un trabajo realizado en vez de un precio por hora para un servicio proporcionado, tú puedes realizar un seguimiento por trabajos.

Los trabajos (**Jobs**) no permanecen como una entidad independiente. Ellos están relacionados a los clientes, y tú puedes relacionar tantos trabajos como necesites a un solo cliente. Si vas a hacer un seguimiento por trabajos, es una buena idea ingresar todos los clientes primero, y luego relacionar los trabajos. Si ingresas los clientes existentes ahora, cuando inicies a trabajar con QuickBooks, el trabajo relacionado con los clientes será mucho más fácil.

CREANDO UN NUEVO CLIENTE (NEW CUSTOMER)

Cada cliente que tú creas aparece en una lista de clientes y trabajos. Para ver esta lista de clientes y trabajos y añadirlos a esta, abre el Centro de Cliente (**Customer Center**) haciendo Click en el menú Clientes (**Customers**) > Centro de Cliente (**Customer Center**) Luego se abre la ventana Centro de Clientes, donde puedes observar dos Fichas (**Tabs**) : Clientes & Trabajos (**Customers & Jobs**), donde se despliega la lista de los clientes, con sus con sus respectivos trabajos realizados y sus saldos

(**Balances**). Y la otra ficha llamada Transacciones (**Transantions**), donde se observan los estimados (**Estimates**), facturas (**Invoices**), Pagos recibidos (**Received Payments**), Devoluciones (**Refunds**), etc.

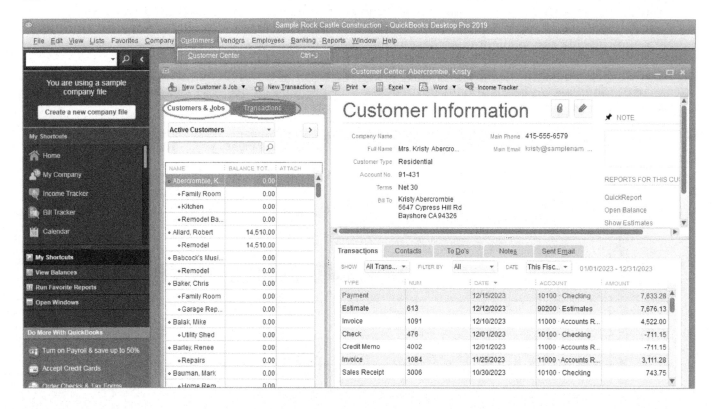

Ubicar todos tus clientes existentes dentro del sistema toma muy poco esfuerzo. Para crear un nuevo cliente sigue los siguientes pasos:

- **Paso 1.** En el Centro de Clientes (**Customer Center**) selecciona la ficha Clientes & Trabajos (**Customers & Jobs**) para mostrar su lista de clientes.

- **Paso 2.** Presiona **Ctrl +N** o haz Click en el botón Nuevo Cliente & Trabajo (**New Customer & Job**) arriba de la ficha Clientes & Trabajos (**Customers & Jobs**) y selecciona Nuevo Cliente (**New Customer**) para abrir la caja de dialogo Cliente Nuevo y llena la información correspondiente.

Algunas veces puede aparecerte una pequeña ventana que te aconseja que, si tienes una lista de clientes en Excel, los puedes insertar todos de una sola vez usando Copiar (**Copy**) y Pegar (**Paste**) con la opción del menú **Lists > Add/Edit Multiple list entries.**

El cuadro de diálogo de Nuevo Cliente (**New Customer**) contiene cuatro fichas de información; en las siguientes secciones, se van a describir a tres de ellas: La Ficha de Información de Dirección (**Address Info**), La ficha de Información Adicional (**Additional Info**), la ficha de Configuración de Pago (**Payment Settings**) y la ficha de Configuración de Impuesto a las ventas (Sales Tax Settings). La ficha de Información de Trabajos (**Job Info**) se va a discutir más adelante en la sección Entrada de Trabajos (**Entering Jobs**).

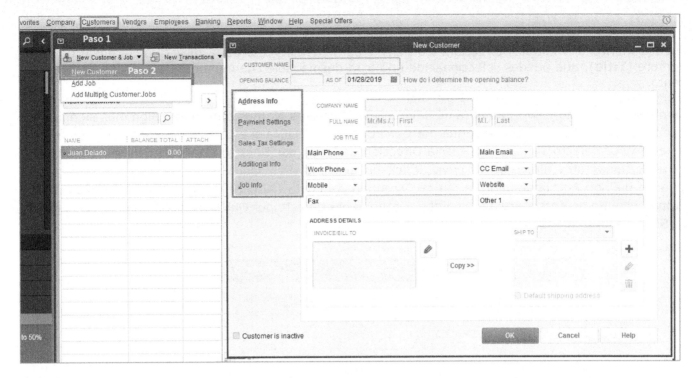

FICHA DE INFORMACIÓN DE DIRECCIÓN (ADDRESS INFO)

La ventana de Nuevo Cliente (**New Customer**) se abre con la ficha de Información de la Dirección en primer plano. Considera que los campos si tu cliente es una persona, Puedes llenar el Nombre (**First Name**) y Apellido (**Last Name**) y dejar en blanco el nombre de la compañía o empresa (**Company Name**). En caso contrario si tu cliente es una empresa le das prioridad al campo (**Company Name**) y en los campos (**First & Last name**) puedes poner el nombre y apellido del dueño o del gerente principal.

Crea un estándar con los campos de nombre para que configures cada cliente de la misma forma trata de evitar la puntuación. La información almacenada en el campo Compañía (**Company Name**), Nombre y Apellido (**First Name & Last name**) debe ser única, y aunque puedes utilizar hasta 41 caracteres, se recomienda que guardes un nombre reconocible pero breve para minimizar el espacio usado por el nombre en los informes.

Click en el Icono del Lápiz en detalles de dirección (**Address Details**) para escribir la dirección donde llegaran las facturas o correspondencia enviada al cliente (**Bill Address**). Puedes usar el botón Copiar (**Copy**) para ingresar la misma dirección en el cuadro de Texto Dirección de envió (**Ship to**)

ENVIAR A: (SHIP TO:)

Puedes mantener múltiples direcciones de envío para tus clientes. Cada dirección de envío tiene un nombre (**Title**), que puedes seleccionar de una lista desplegable cuando ingresas las transacciones de venta.

También puedes cambiar el nombre de la dirección (**Address Name**) para hacer algo más significativo que Enviar a 1 (**Shipt To 1**), sugerida por QuickBooks, especifica si esta dirección debe ser la dirección de envió por defecto al marcar la casilla Dirección de Envío por Defecto (**Default Shipping Address**) Para adicionar otra dirección de envío, Click en el icono ✚ QuickBooks de nuevo te mostrara la caja de dialogo Adicionar Información de Dirección de Envío (**Add Ship To Address Information**). Proporciona un nombre o acepta el nombre sugerido por defecto por QuickBooks para la dirección enviar a (**Ship To 2**) e ingresa la información de la dirección.

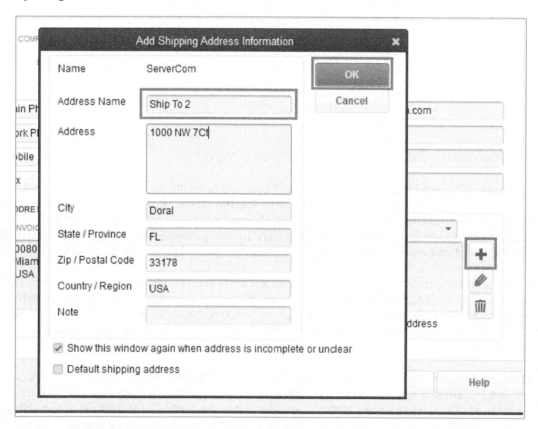

APERTURA DE CUENTAS DE SALDO (OPENING BALANCE)

Quickbooks habilita el campo Balance / Saldo de Apertura (**Opening Balance**), junto con la fecha que aplica para este balance, por defecto, es mostrada la fecha actual. El campo está diseñado para mantener la cantidad de dinero que actualmente te debe este cliente, si un balance de apertura existe para este cliente.

Se recomienda saltar este campo, porque si ingresas una cantidad, no tendrás ningunos archivos detallados que describan la base para este balance del cliente. Sin estos archivos, no podrás aceptar pagos contra facturas específicas. Es mejor saltar este campo y luego ingresar todas las facturas necesarias para establecer el balance en tus libros, con las fechas originales en que se emitieron las facturas. Introducir las transacciones que describen los detalles asociados con un balance de un cliente es la forma más exacta para crear los saldos para los clientes existentes cuando estas comenzando a utilizar QuickBooks.

LA FICHA DE CONFIGURACION DE PAGO (PAYMENT SETTINGS)

Use la ficha de Información de Pago (**Payment Settings Tab**) para almacenar el número de cuenta que adjudicas a tus clientes esto es opcional, información del límite de crédito, método preferido de pago, Nivel de precios etc. El campo de No Cuenta (**Account No**) es opcional, y puedes utilizarlo para asignar números a tus clientes.

Utiliza el campo de Límite de Crédito (**Credit Limit**) para asignar a un cliente un límite de crédito (hasta donde puede quedar debiendo). Si el cliente pone una orden de compra y tiene facturas pendientes que pueden exceder el límite, QuickBooks muestra una alarma. Por defecto, QuickBooks no le impedirá realizar la venta y crear la factura al cliente, pero deberías considerar rechazar la orden (o efectuar un cobro).

El campo Términos de Pago (**Payments Term**) se usa para poner por default los días de plazo para pagar las facturas hechas o descuentos por pronto pago, puedes escoger entre varios como: a 15 días (**Net 15**), a 30 días (**Net 30**), 1% de descuento en los primeros 10 días con 30 días de plazo (**1% 10 Net 30**), etc. Si se deja en blanco entonces cada vez que se emita una factura esta debe ser pagada cuando sea recibida por el cliente.

En el campo de Nivel de Precios (**Price Level**) se selecciona que nivel de precios se le asigna al cliente, dado el caso de que se haya creado una lista con varios niveles de precios en la sección Listas (**List**) > Lista de niveles de Precios (**Price Level List**)

La sección de Método de Pago Preferido (**Preferred Payment Method**) se refiere al método preferido del cliente para pagar sus facturas. Una lista de métodos de pago aparece en la lista desplegable: Efectivo (**Cash**), Cheque (**Check**), Tarjeta de crédito (**Credit Card**) etc. Puedes seleccionar el método apropiado de la lista o añadir uno nuevo seleccionando <Añadir Nuevo> **<Add New>.**

Si el método de pago preferido por el cliente es la tarjeta de crédito, puedes utilizar los campos de información de la tarjeta de crédito (**Credit Card Information**) para registrar una tarjeta por default, allí escribes el Número de Tarjeta de Crédito (**Credit Card No.**), la fecha de expiración **(Exp Date),** Nombre desplegado en la tarjeta **(Name on Card),** los tres dígitos de seguridad de la tarjeta de crédito no son permitidos debido a que guardar el código de seguridad de la tarjeta de crédito va en contra de las guías de mejores prácticas para las aplicaciones del manejo de la información de la tarjeta crédito.

LA FICHA DE CONFIGURACION DE IMPUESTOS SOBRE LAS VENTAS (SALES TAXES SETTINGS)

Si has configurado QuickBooks para recolectar impuestos de venta, tienes que suministrar información del impuesto sobre las ventas en tres campos. Si el cliente es responsable por los impuestos sobre las ventas, selecciona el código del impuesto (**Tax Code**) adecuado y el Ítem Fiscal (**Tax Item**) en USA cada estado puede tener un tax diferente para este cliente. Si el cliente no paga impuesto sobre las ventas por ser un Revendedor (**Reseller**), seleccione Non en Código de Impuestos (**Tax Code**) e ingrese el número de reventa (**Resale Number**) proporcionado por el cliente.

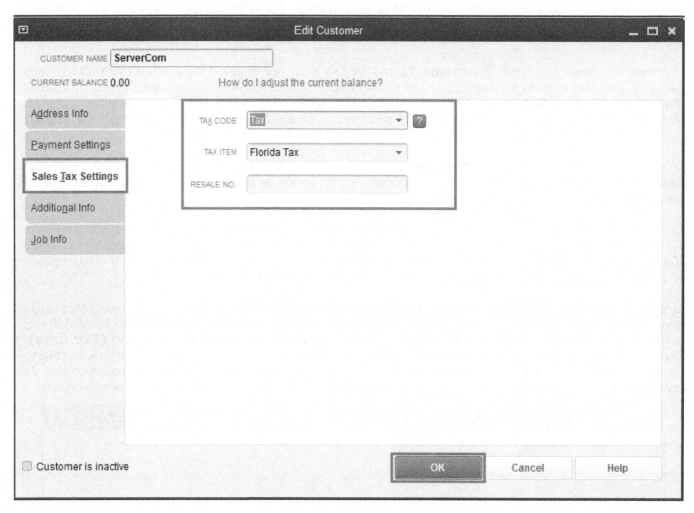

Para configurar el impuesto sobre las ventas seguir los pasos:

- **Paso 1.** Click en Menu Editar (**Edit**) > Preferencias (**Preferences**).
- **Paso 2.** Click en la opción Impuesto sobre las ventas (**Sales Tax**).
- **Paso 3.** Click en el Tab Preferencias de la Compañía (**Company Preferences**).
- **Paso 4.** Click en Si (**Yes**).
- **Paso 5**. Click en el botón Adicionar un ítem de impuesto sobre las ventas (**Add Sales Tax Item**).
- **Paso 6.** Escoger de la lista en Tipo Impuesto sobre las ventas (**Type Sales Tax Item**).
- **Paso 7.** Escribir un nombre que lo identifica (**Sales Tax Name**).
- **Paso 8.** Escribir el porcentaje de Impuesto cobrado (**Tax Rate %**).
- **Paso 9.** Es obligatorio escoger la agencia que tú le colectas el impuesto (**Tax Agency**), si en la lista no tienes nada Click en <**Add New**> para adicionar Departamento de rentas internas (**IRS Department**) y Click en **OK** para guardar.

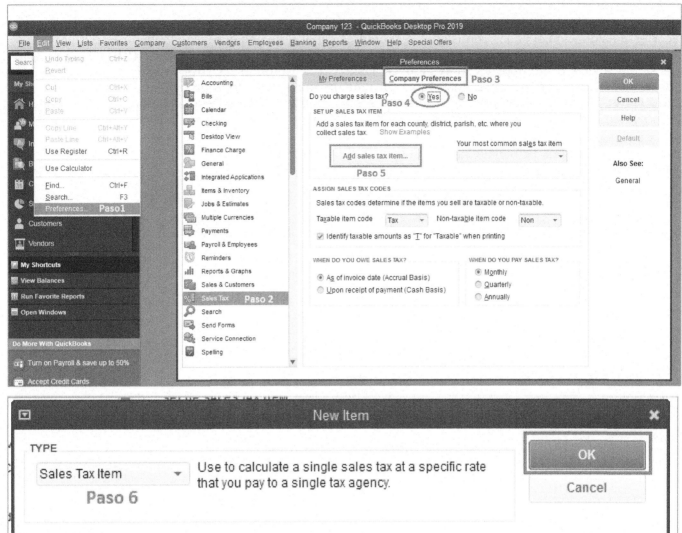

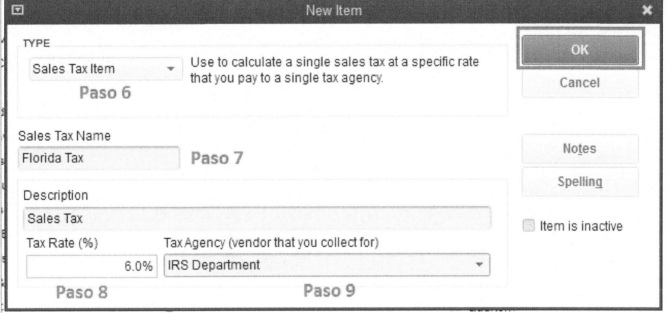

LA FICHA DE INFORMACIÓN ADICIONAL (ADDITIONAL INFO)

La información que registras en la etiqueta de Información Adicional **(Additional Info)** en el registro de algún cliente puede ser esencial o conveniente. El llenado previo de los campos con la información hace que el trabajo sea mucho más rápido, en otras secciones más adelante, cuando llenas las ventanas de transacción. Vale la pena dedicarle tiempo al diseño de algunas reglas para los datos que ingresas. EL uso de reglas asegura la consistencia que necesitas para obtener los informes que requieres.

Use el campo de Tipo de Cliente (**Customer Type**) para clasificar los clientes por un tipo o clase de cliente que tu encuentres importante o conveniente, cuando creas informes QuickBooks mantiene una lista de Tipo (ver "Listas de Tipos de Cliente" más adelante en esta sección). Por ejemplo, puedes querer tener tipos de clientes de ventas al por mayor (**Wholesale**) o los clientes de ventas al detal (**Retail**) o por referidos, etc. Para usar el campo haz Click en la flecha para seleccionar un tipo ya creado o haz Click en Añadir Nuevo <**Add New**> para crear un nuevo tipo.

Representante **(Rep)** Utiliza este campo para adjudicar un representante de ventas a tu cliente. Es útil hacer esta asignación si pagas comisiones o si quieres saber quién es el responsable de este cliente. Los representantes de ventas pueden ser empleados, vendedores, u "otros nombres" "**Other Names**", lo que significa que el nombre es ingresado en Lista Otros Nombres (**Other Names**). Selecciona un representante de la lista de representantes o adicione un nuevo representante eligiendo <Añadir Nuevo> <**Add New**>. Ver la sección "Lista de Representante de Ventas" "**Sales Rep List**" para más información de cómo llenar esta lista.

Puede utilizar Campos Personalizados (**Custom Fields**) para almacenar la información especializada y para clasificar y organizar sus listas en QuickBooks de diversas maneras. Vea la sección "Uso de campos personalizados", más adelante en este capítulo.

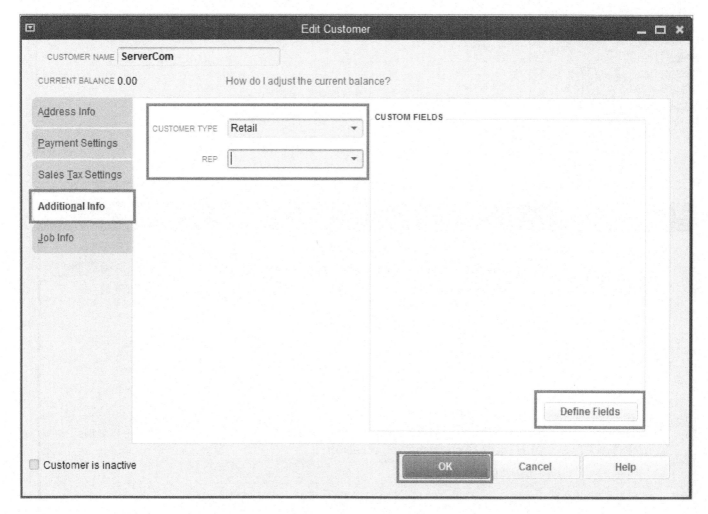

EDICIÓN DE REGISTROS DEL CLIENTE (EDIT CUSTOMER)

Puedes hacer cambios a la información de un registro de clientes fácilmente. Ir al menú Clientes > Click en el Centro de Atención al Cliente (**Costumer Center**) y Click en la ficha (**Customer & Jobs**). Aquí puedes ver la lista de todos los clientes creados, si la lista es muy grande entonces puedes buscar usando cuadro te texto de búsqueda que esta justo al comienzo de la lista, escribe las primeras letras del nombre y Click en el icono de la lupa para mostrar uno o más clientes que coinciden con lo que escribiste.

Una vez localizado el cliente haz doble Click en el registro de cliente que desees cambiar. También puedes hacer Click en el botón de Editar (**Edit**) > Editar Cliente (**Edit Customer**), o presionar **CTRL+E**.

Haz los cambios necesarios y Click en el botón **OK** para guardar.

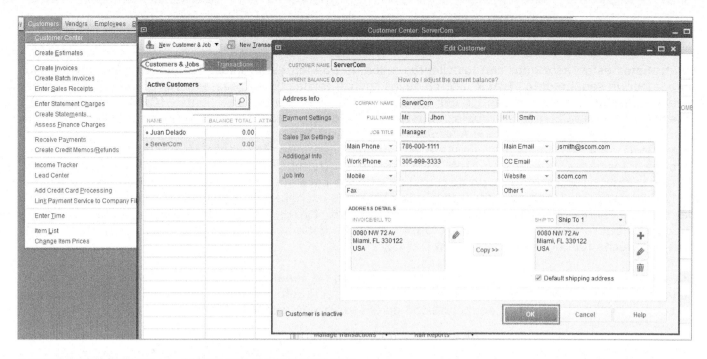

BOTON DE ADJUNTAR (ATTACHMENT BUTTON)

Puedes adjuntar documentos importantes del cliente como contratos, certificados de revendedor, licencias, un cheque devuelto, etc. Usando el botón de adjuntar (**Attachment**) localizado en la parte superior de la pantalla de información del cliente (**Customer Information**).

- **Paso 1.** Click en el botón Adjuntar (**Attachment**).
- **Paso 2.** Click en Computador (**Computer**).
- **Paso 3.** Localizamos el folder donde están los documentos scaneados o
- **Paso 4.** Seleccionamos uno o varios documentos y Click en Abrir (**Open**) para adjuntarlo.
- **Paso 5.** Click en Hecho (**Done**).

Otra forma simple de hacerlo es seleccionar los documentos a adjuntar y arrastrarlos hasta el rectángulo que dice: Colocar documentos (**Drop Documents**). También se puede usar la opción Scanner para adjuntarlos directamente desde un scanner.

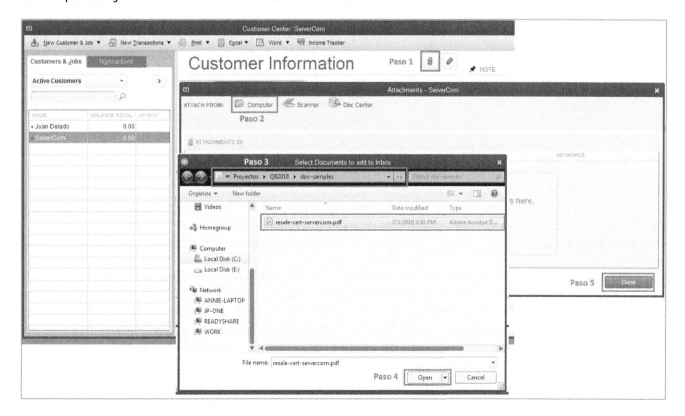

INGRESANDO TRABAJOS (ADDING JOBS)

Los trabajos están asociados con los clientes, ellos no pueden estar solos. Tú puedes crear un trabajo para hacer un seguimiento (**Track**) acerca de los costos, fechas de entrega, dinero recibido de proyectos a realizar para tus clientes. Para crear un trabajo, Abrir el Centro de Clientes (**Customer Center**), Selecciona la ficha Clientes y Trabajos (**Customer & Jobs**). Haz Click derecho sobre el cliente al cual deseas crearle el trabajo, y escoge Adicionar Trabajo (**Add Job**) para abrir la ventana de Nuevo Trabajo (**New Job**), se abre una ventana similar a la de nuevo cliente Nuevo Cliente, Haz Click en el cuarta ficha llamada Información del Trabajo (**Job Info**), escribe un nombre para el trabajo (**Job Name**), puedes utilizar hasta 41 caracteres y hazlo de forma descriptiva para que tanto tu como el cliente lo entiendan. En la descripción del Trabajo (**Job Description**) puedes escribir algo más extenso acerca del propósito del trabajo. Escribe o selecciona el Tipo de trabajo (**Job Type**) y el Estado del trabajo (**Job Status**). Luego escribes la fecha de Inicio (**Start Date**), la Fecha Estimada de entrega o finalización (**Projected end**) y la fecha real de finalización (**End Data**).

Si este trabajo requiere cambios en dirección de entrega o condiciones de pago, puedes usar las otras fichas para hacer modificaciones. QuickBooks mantiene esta información solamente para este trabajo y no cambia la dirección original de facturación en el registro del cliente.

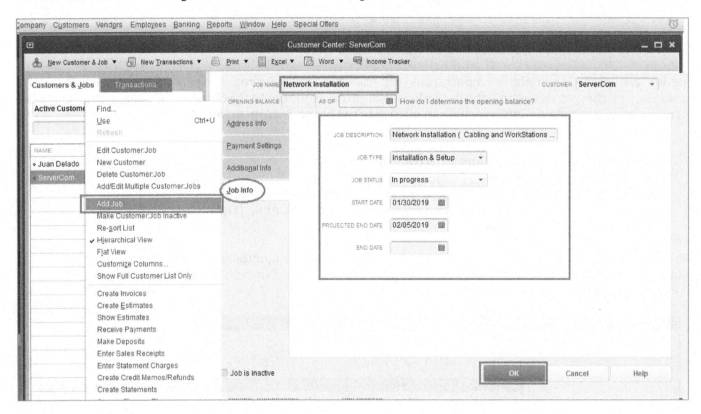

CREACIÓN DE FACTURAS ESTÁNDAR (CREATE INVOICES)

QuickBooks te ofrece varias maneras de abrir la ventana Crear facturas (**Create Invoices**). Si quieres utilizar los menús puedes seleccionar: Clientes (**Customers**) > Crear facturas (**Create Invoices**) en la barra de menús. Otra forma es ir al Centro de Atención al Cliente (**Customer Center**), Selecciona el cliente de la lista y haz Click en Nuevas Transacciones (**New Transactions**) → Facturas (**Invoices**).

Si eres una persona que te gusta utilizar el teclado, presiona **CTRL+I**. Si te gusta utilizar los iconos, haga Click en el icono de factura (**Create Invoice Icon**) en la sección Cliente (**Customer**) de la página principal. Si abres la ventana **Transactions > Invoices** del Centro de Cliente (**Customer Center**), QuickBooks llena automáticamente el campo Cliente:Trabajo (**Customer : Job**) utilizando la información del cliente que tu seleccionaste en el Centro de Cliente (**Customer Center**).

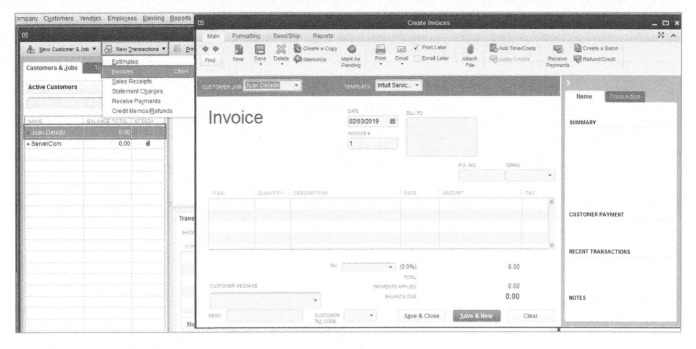

INGRESANDO LA INFORMACIÓN DEL ENCABEZADO

Para crear una factura, primero selecciona el cliente o el trabajo. Haz Click en la flecha a la derecha del campo Cliente: Trabajo (**Customer: Job**) para ver una lista de todos sus clientes. Si has creado trabajos para los clientes, los trabajos se encuentran bajo el nombre del cliente. Selecciona el cliente o el trabajo para esta factura. Si el cliente no está en el sistema, selecciona <Adicionar Nuevo> (<**Add New**>) para abrir la ventana de Nuevo Cliente (**New Customer**) e introducir todos los datos necesarios para la creación de un cliente. Véase el capítulo de Creación de Clientes para obtener información sobre la adición de nuevos clientes.

Debido a que Quickbooks puede manejar diferentes Platillas (**Templates**) para las facturas, para efectos de este manual hemos escogido la plantilla denominada plantilla para factura de productos (**Intuit Product Invoice**).

La fecha actual aparece en el campo Fecha (**Date**). Si deseas cambiar la fecha, haz Click en el icono Calendario (**Calendar**) en el lado derecho del campo para seleccionar una fecha (**Date**). Si cambias la fecha, la nueva fecha aparecerá automáticamente en cada factura que se crea durante esta sesión de QuickBooks (la fecha actual vuelve después de cerrar y volver a abrir el software).

La primera vez que ingresas una factura, llena el número de factura que deseas utilizar como punto de partida. A partir de ese punto en adelante, QuickBooks realiza el incremento en el número de factura para cada nueva factura.

QuickBooks muestra en el campo Enviar Factura A (**Bill To**) la dirección almacenada en el registro de clientes. Puedes seleccionar una dirección en el campo Enviar a (**Ship To**) de la lista de la lista desplegable o añadir una nueva dirección al escoger <Adicionar Nuevo> (<**Add New**>) de la lista.

Si tienes una orden de compra de este cliente, ingrésala en el campo Número de Orden de Compra (**P.O. Number**). QuickBooks llena automáticamente el campo Términos (**Terms**) utilizando los términos que introdujiste al crear el registro de clientes. Tú puedes cambiar los términos de esta factura si lo deseas. Si los términos no aparecen automáticamente, entonces fue que no ingresaste dicha información en el registro de clientes. En el campo Representante (**"Rep" - Representative**), QuickBooks muestra el vendedor asignado a este cliente. Haz Click en la flecha situada junto al campo de elegir cualquier nombre de representante de ventas de la lista desplegable.

En el campo de Enviar (**Ship**), QuickBooks muestra la fecha de la factura como la fecha de envío. Usa el campo Forma de Envío (**Via**) para seleccionar un método o la empresa de envío. Haz Click en la flecha situada junto al campo para ver las opciones de transporte disponibles. Algunas empresas utilizan el campo FOB para indicar el punto en el que los costos de envío se transfieren al comprador. Si utilizas términos FOB, introduzca los datos aplicables en el campo. Esto no tiene ningún impacto en sus registros financieros de QuickBooks y se registra únicamente para tu conveniencia.

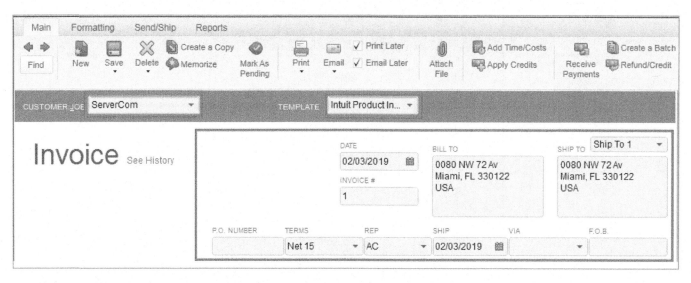

INGRESANDO LAS LÍNEAS DE ARTÍCULOS (ITEMS).

Para introducir los ítems en la factura, haz Click en la primera columna de la sección de Artículos (**Item**). Si estas utilizando la plantilla factura de producto (**Product Invoice**), esta columna es la columna Cantidad (**Quantity**). Introduzca la cantidad del primer artículo que estas vendiendo.

Una flecha aparece en el borde derecho de la columna Código producto (**Item Code**). Haz Click en la flecha para ver una lista de los artículos que vendes y selecciona uno de estos. QuickBooks llena automáticamente la descripción de los artículos y el precio utilizando la información que tu proporcionaste al crear el artículo. Si tu no introdujiste la información cuando se creó el artículo, puedes hacerlo manualmente ahora. QuickBooks realiza los cálculos, mostrando el precio total del valor unitario del producto por el número de productos Cantidad (**Amount**). Si el artículo y el cliente son responsables de impuestos, la columna Impuesto (**Tax**) muestra "Impuesto" (**"Tax."**). Puedes añadir tantas filas como artículos deban ir en la factura. Si te quedas sin espacio, QuickBooks agrega automáticamente páginas a su factura.

Para borrar una línea de Ítem haz Click derecho en cualquier parte de la línea y Click en Borrar Línea (**Delete Line**), o si quieres insertar una Linea de Ítem intermedia, Click derecho y Click en Insertar Línea (**Insert Line**).

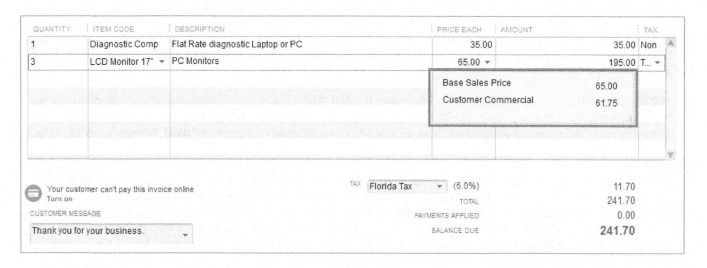

APLICANDO NIVELES DE PRECIOS (PRICE LEVELS)

Si estás utilizando la función de los niveles de precios, puedes cambiar el importe de cualquier partida mediante la aplicación de un nivel de precios. La mayoría de las veces, tus niveles de precio son un porcentaje que disminuye el precio como descuentos, pero también puedes crear niveles de precios que incrementen los precios. Cuando haces Click en la columna Precio Unitario (**Price Each**), una flecha aparece. Haz Click en la flecha para ver una lista del nivel de precios del artículo, y selecciona la que deseas aplicar a este artículo. QuickBooks muestra el nivel de precios disponible y el precio propuesto para cada artículo en cada nivel de precios. Después que selecciones un nivel de precios, QuickBooks cambia la el valor que estas cargando al comprador por el articulo y ajusta el valor total (**Amount**) para este artículo.

Si no te aparece una lista de precios, la puedes crear usando la opción del menú Lista (**List**) > Nivel de Lista de Precios (**Price Level List**).

INGRESANDO DESCUENTOS

Para permitir que tu cliente conozca que se ha reducido el precio de un artículo, puedes ajustar líneas individuales de una factura aplicando descuentos en vez de usar niveles de precios. Tú lo debes entrar como artículo de línea, luego tienes que establecer el descuento como un artículo en tu Lista de Artículos (**Items List**).

Para aplicar el descuento a todos los artículos de línea, primero ingresa el subtotal de artículos de la Lista de Items (**Item List**) y calcula el subtotal de todas las líneas de la factura. Entonces, ingresa el ítem de descuento como el siguiente ítem de las líneas; QuickBooks calcula el descuento basado en el subtotal.

Tú puedes utilizar el mismo enfoque para realizar descuento en una de las líneas de productos, pero no en otras. Simplemente sigue los siguientes pasos:

- **Paso 1.** Ingresa todos los artículos a los que usted deseas realizarles un descuento.
- **Paso 2.** Ingresa el Ítem de Subtotal
- **Paso 3.** Ingresa el Ítem de Descuento
- **Paso 4.** Ingresa los artículos a los cuales no quieres hacer descuentos.

Este método hace que los descuentos y políticas de descuentos sean muy claras para los clientes.

Cuando hayas terminado de ingresar todos los artículos, verás que QuickBooks ha mantenido un total, incluyendo los impuestos.

ITEM	QUAN...	DESCRIPTION	U/M	RATE	AMOUNT	TAX	
Wood Door:Interior	10	Interior wood door		72.00	720.00	Tax	
Wood Door:Exterior	2	Exterior wood door		120.00	240.00	Tax	Paso 1
Wood Door:Exterior	1	Exterior wood door		120.00	120.00	Tax	
Subtotal		Subtotal			1,080.00		Paso 2
Discount		10% Discount		-10.0%	-108.00	Non	Paso 3
Window	1	Window		50.00	50.00	T.	
		Paso 4					

LA ELECCIÓN DEL MÉTODO PARA ENVÍO DE LA FACTURA

En la parte superior de la plantilla de la factura se presentan dos botones: Imprimir Factura (**Print** **Printed**) y Para ser enviada por Correo Electrónico (**Email**). Selecciona el método apropiado si vas a imprimir o enviar todas sus facturas por correo electrónico después que terminas de ingresarlas. También puedes imprimir o enviar cada factura por correo electrónico cuando la completas.

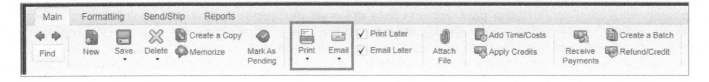

GUARDANDO LA FACTURA

Escoge Guardar & Nueva (**Save & New**) para guardar esta factura e ir a la siguiente forma de factura en blanco. Si esta es la última factura que tu ingresaras, haz Click en Guardar & Cerrar (**Save & Close**) para guardar esta factura y cerrar la ventana de Crear Facturas (**Create Invoices**).

MODIFICANDO UNA FACTURA INGRESADA PREVIAMENTE

Para corregir una factura que creaste anteriormente, Tienes que verla en pantalla. Si estas en la ventana de Crear Facturas (**Create Invoices**), haz Click en el botón Anterior (**Previous**) para moverse hacia atrás en todas las facturas de tu sistema. Sin embargo, si tienes muchísimas facturas, es más rápido utilizar el Centro de Cliente (**Customer Center**). Haciendo Click en cualquier cliente o trabajo de plantilla Clientes y Trabajos (**Customers & Jobs**), QuickBooks muestra las transacciones para el cliente en el lado derecho de la pantalla. Tú Puedes limitar las transacciones con un tipo específico para hacer la búsqueda más fácil, y puedes filtrar las transacciones. Las opciones de filtración dependen del tipo de transacción que seleccionaste en la caja de lista Mostrar (**Show**). Para especificar aún más la búsqueda, puedes seleccionar un rango de fecha.

Cuando encuentres la factura que deseas editar, haz doble Click sobre ella. QuickBooks muestra la factura en la ventana Crear Facturas (**Create Invoices**).

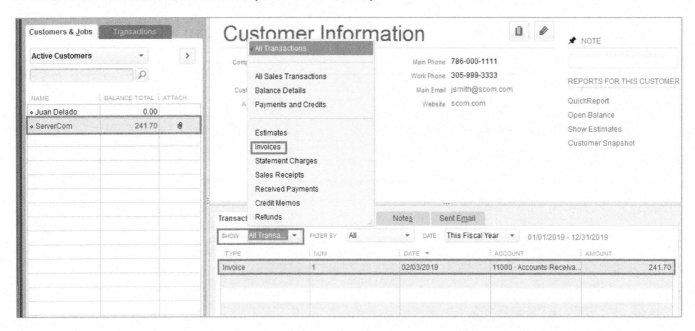

ANULANDO Y BORRANDO FACTURAS

Hay una diferencia grande entre anular y borrar una factura. Anular una factura hace la factura inexistente a su contabilidad y a los saldos del cliente. Sin embargo, el número de factura sigue existiendo (esto ha marcado el "Anulado"). Después de todo, los números de factura ausentes son tan frustrantes como perder los números de control.

El borrado de una factura, por otra parte, quita todos los rastros de esta en tus registros de transacción e informes. Los contadores te dirán que siempre es mejor dejar el rastro de un error en lugar de borrar un error del todo, los auditores sabrán que tu cometiste y corregiste el error de forma honesta.

Para anular una factura realiza los siguientes pasos:

- **Paso 1.** Muestra la factura que tu deseas anular utilizando el Centro de Cliente (**Customer Center**) y las técnicas descritas en la sección anterior.

- **Paso 2.** Abrir el menú Editar (**Edit**) y escoger Anular Factura (**Void Invoce**). QuickBooks cambia todas las cantidades en la factura a 0, e ingresa "Anulada" ("**Void**") en campo de Memo (**Memo**).

- **Paso 3.** Haz Click en Guardar & Cerrar (**Click Save & Close**)

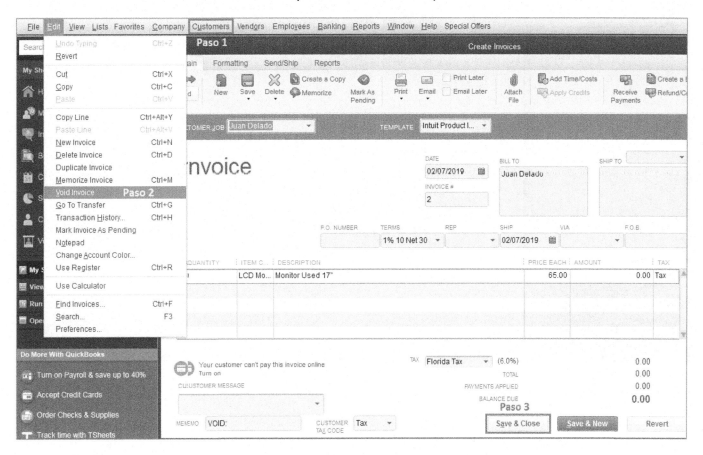

IMPRIMIENDO FACTURAS

Tú puedes imprimir facturas en papel de formas pre-impresas por intuit, hojas en blanco o con membrete de la compañía. También puedes imprimir formularios pre-impresos en una hoja sola de papel. La primera vez que tu imprimas facturas, Tienes que establecer la impresora (**Printer**) para notas de crédito y facturas.

CONFIGURANDO LA IMPRESORA (PRINTER SETUP)

Si tienes tiene múltiples conectadas a tu computador o accesibles a través de la red (**Network**), Tienes que designar una de ellas para imprimir las facturas. Las impresoras deben ser configuradas en Windows, no en QuickBooks, QuickBooks utilizará las impresoras que se configuraron en Windows.

Sigue los siguientes pasos para indicarle a QuickBooks sobre la impresora y la forma como desea imprimir las facturas:

- **Paso 1.** Escoge Archivo (**File**) > Configuración de Impresoras (**Printer Setup**) de la barra de menús para abrir la caja de dialogo Configuración de Impresoras (**Printer Setup**).

- **Paso 2.** Selecciona Factura (**Invoice**) del menú desplegable Nombre de Forma (**Form Name**)

- **Paso 3.** Si tienes múltiples impresoras disponibles, selecciona la impresora que desea utilizar para las facturas en la caja Nombre de Impresoras (**Printer Name**)

- **Paso 4.** En la parte inferior del cuadro de dialogo, selecciona el tipo de forma que planeas utilizar para las facturas de las siguientes opciones: Formas Preimpresas de Intuit (**Intuit Preprinted Forms**), Papel en Blanco (**Blank Paper**), Papel con membrete (**Letterhead**)

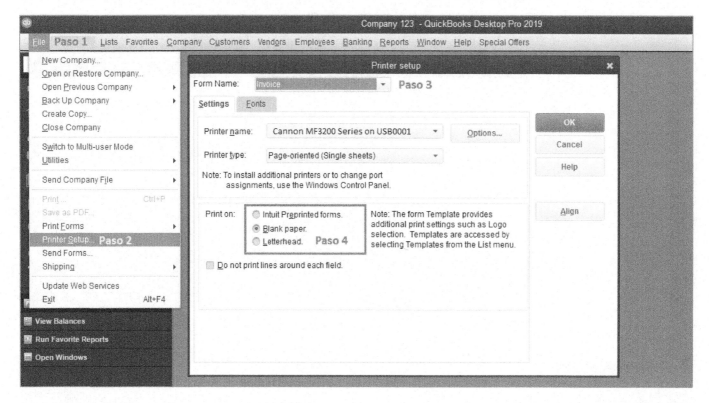

IMPRESIÓN POR LOTES (BATCH PRINTING)

Si no deseas imprimir cada factura a medida que las crea, estés seguro que marcaste la caja (**Check Box**) Imprimir más adelante (**Print Later**) en cada factura que tu creaste, Luego las puedes imprimir todas. Coloca el papel correcto en la impresora (**Printer**) y sigue los siguientes pasos:

- **Paso 1**. Escoge Archivo (**File**) > Imprimir Formas (**Print Forms**) > Facturas (**Invoices**). En la ventana Seleccionar Facturas para Imprimir (**Select Invoices To Print**), todas las facturas no impresas aparecen con una marca de chequeo.

- **Paso 2.** Si existen algunas facturas que no deseas imprimir en este momento, haz Click en las marcas de chequeo para removerlas.

- **Paso 3**. Haz Click en **OK** para imprimir las facturas.

La caja de dialogo Imprimir Facturas (**Print Invoices**) aparece, y puedes cambiar o seleccionar las opciones de impresión. Haz Click en Imprimir (**Print**) para empezar a imprimir.

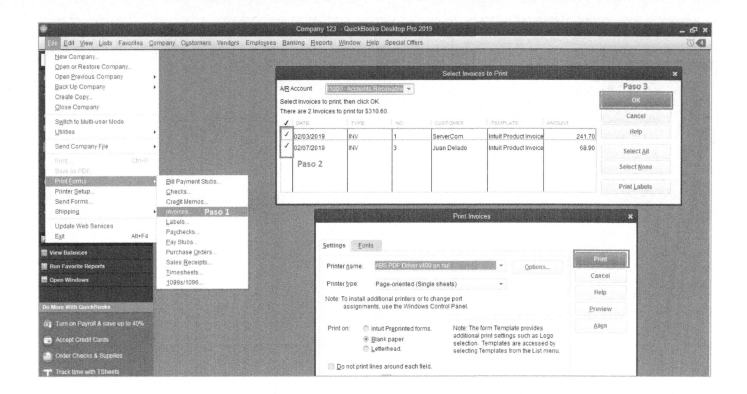

RECIBIR PAGOS DE FACTURAS (RECEIVE PAYMENTS)

Cuando recibas los pagos de los clientes, utiliza la opción de Recibir Pagos (**Receive Payments**) esta muestra las facturas pendientes y el saldo pendiente del cliente. Si haz seleccionado un cliente previamente mediante la opción Clientes (**Customers**) > Centro de Clientes (**Customer Center**). La opción recibir pagos te mostrará todas las facturas pendientes del cliente. Los siguientes pasos te muestran cómo aplicar un pago de un cuando un cheque es recibido de un cliente especifico.

- **Paso 1.** Click en la opción Clientes (**Customers**) > Recibir Pagos (**Receive Payments**) en la página principal o desde el Centro de Atención al Cliente (**Customer Center**) de la barra de menús, selecciona Nuevas Transacciones (**New Transandinos**) > Recibir Pagos (**Receive Payments**). QuickBooks muestra la ventana de recepción de pagos (**Receive Payments**). Haz Click en la flecha a la derecha del campo Recibido de (**Received From**) o selecciona el cliente o el trabajo desde la lista desplegable seleccionando los criterios correctos.

- **Paso 2**. En el campo Cantidad (**Payment Amount**), escribe la cantidad mostrada en el cheque recibido.

- **Paso 3**. Haz Click en el icono de método de pago ubicado a la derecha y selecciona el método de pago: Si el método es cheque (**Check**), ingresa el número del cheque en el campo Numero de Cheque (**Check #**). Si es en efectivo haz Click en el icono **Cash**. Si el método de pago es tarjeta de crédito (**Credit Card**), vea a la sección, "Aceptando Pagos en Tarjetas de Créditos".

- **Paso 4.** Selecciona el número de factura a la cual le vas a aplicar el pago recibido.

- **Paso 5.** El campo Memo (**Memo**) es opcional. Si existe alguna nota importante que deseas guardar para este registro de pago, este es el lugar para registrarlo.

- **Paso 6.** Click en el Botón Guardar y Cerrar (**Save & Close)** o si quieres registrar otro pago Click en Guardar y Nuevo (**Save & New**)

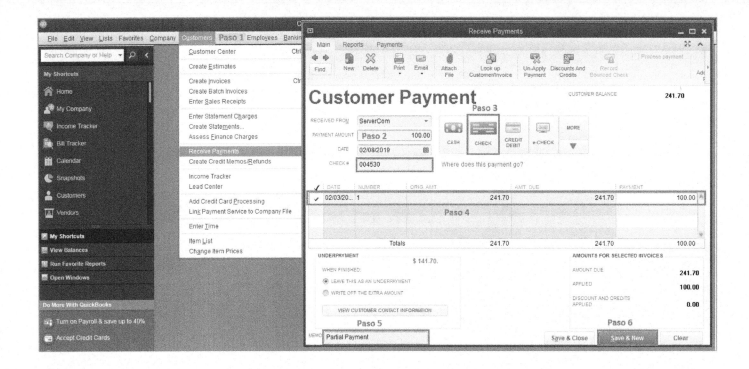

APLICANDO PAGOS A FACTURAS

Si introduces una cantidad de pago visto en Paso 3, entonces por defecto, QuickBooks automáticamente aplica el pago a la factura más antigua, a menos que el importe del pago coincida exactamente con el importe de otra factura, en cuyo caso, QuickBooks aplicara el pago a esa factura.

Puedes cambiar este comportamiento con el fin de seleccionar siempre manualmente las facturas a las que se deben aplicar los pagos en QuickBooks. Para esto se desactiva la opción automática así: Ir a Editar (**Edit**) > Preferencias (**Preferences**) y haz Click en la opción Pagos (**Payments**). En la ficha (**Company Preferences**), quita la marca de la casilla de verificación Aplicar Pagos Automáticamente (**Automatically Apply Payments**).

MANEJANDO PAGOS INSUFICIENTES

Si un cliente envía un pago que es insuficiente para completar el pago de una factura, después de que apliques el pago del cliente, la ventana Recibo de Pagos (**Receive Payments**) cambia, mostrando un área donde puedes decidir cómo manejar el pago insuficiente, vea la figura abajo.

Si seleccionas Dejar esto como un pago insuficiente (**This as an Underpayment**), QuickBooks aplica el pago a la factura que seleccionaste, ajustando el balance de la factura con el pago que aplicaste. Si seleccionas Saldar el monto adicional (**Write Off The Extra Amount**), QuickBooks no toma ninguna acción hasta que hagas Click en Guardar & Cerrar (**Save & Close**), o Guardar y Nuevo (**Save & New**). Entonces, QuickBooks abre la caja de dialogo Saldar monto (**Write Off Amount**) y puedes escoger envialo a una cuenta contable como Debito Malo (**Bad Debt Account),** y aplicar una clase a la transacción, si se requiere.

Habla con tu contador acerca de la cuenta a utilizar como perdida por el perdón de deuda. Tú puedes crear una cuenta de Ingresos o Gastos para este propósito, según el modo que tú y el contador decidan acordar como deben rastrear las cuentas por cobrar que has decidido perdonar.

VISTA PREVIA DE UNA FACTURA (PRINT PREVIEW – INVOICE)

Si hemos creado la factura y recibido el pago en el momento y es necesario entregarle la factura al cliente, al imprimirla mostrara el rotulo de PAGO (**PAID**). Antes de hacer la impresión podemos verla previamente con el fin de chequear que todo este correcto. Con la factura desplegada en pantalla hacer Click en el botón Imprimir (**Print**) y Click en Vista Previa (**Print Preview**)

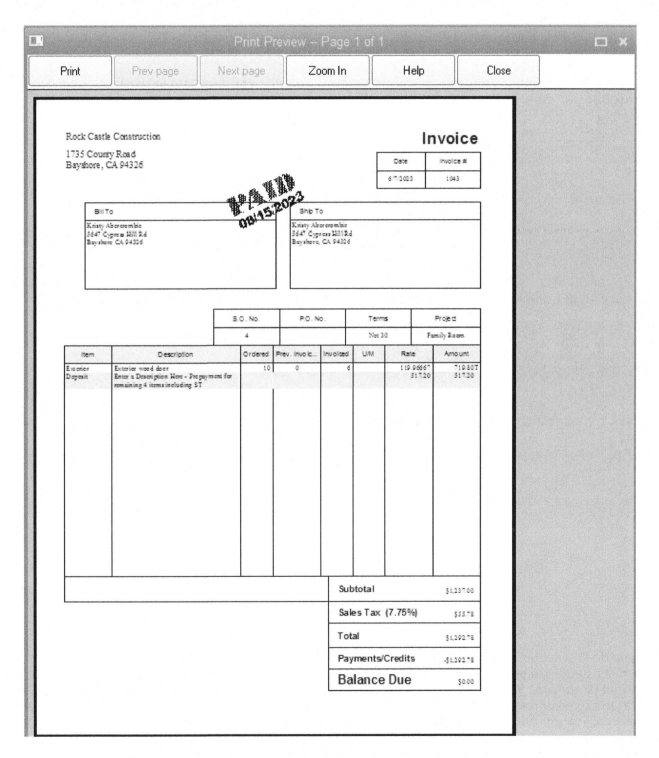

Si quieres cambiar el diseño de la Factura, puedes hacerlo en la opción Listas (**List**) > Plantillas (**Templates**) > **Intuit Product Invoice** y Click en **OK,** Allí Puedes cambiar el tipo de letra, visualizar o esconder títulos y si requiere más detalle tienes que entrar al Diseñador haciendo Click en **Layout Designer.**

INTRODUCCIÓN DE CUENTAS POR PAGAR (BILLS)

QuickBooks te puede ayudar a rastrear y pagar facturas de proveedores de una manera oportuna. Tú puedes Ingresar facturas que afectan cuentas, tales como cuentas de utilidad, y puedes ingresar facturas para artículos (de inventario y no inventario) o servicios. De ser apropiado, puedes adjudicar partes de facturas a clientes tales como gastos reembolsables. También puedes usar órdenes de compra para ayudar a rastrear artículos que tú pides comúnmente.

El "Centro de Proveedores" (**Vendor Center**) funciona de manera similar al Centro de Clientes (**Customer Center**), con igual de rápida y fácil visualización de la información sobre sus proveedores, con sus saldos o balances.

Para abrir el Centro de proveedores, realiza cualquiera de las siguientes acciones:

- Ir al menú Proveedores (**Vendors**) > Centro de proveedores (**Vendor Center**) de la barra de menú (**Menu Bar**).

- Haz Click en el icono Proveedores (**Vendors)** en la barra de herramientas Iconos (**Icon Bar**).

- Haz Click en el icono de Proveedores (**Vendors**) en la parte superior de la página principal (**Home Page**).

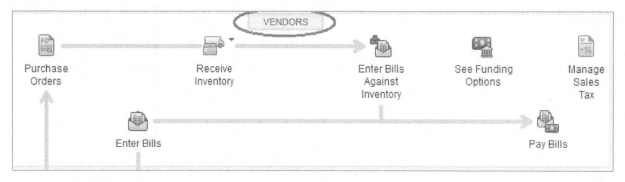

La ventana de Proveedores proporciona un modo robusto de encontrar la información sobre un proveedor específico. El panel izquierdo del Centro de Proveedores (**Vendor Center**) tiene dos fichas (**Tabs**): Proveedores (**Vendors**) y Transacciones (**Transactions**). La ficha de Proveedores en realidad sustituye a la Lista de proveedores (**Vendor List**) utilizada en las versiones anteriores de QuickBooks. Tan fácil como hacer Click en cualquiera de los proveedores en la ficha Proveedores (**Vendors**), QuickBooks muestra las transacciones para este proveedor en la parte derecha de la pantalla. Puedes limitar las operaciones a un tipo específico para hacer la búsqueda más fácil y puedes filtrar las operaciones. Tu filtro dependerá del tipo de transacción que selecciones en el cuadro Mostrar Lista (**Show**). Para reducir aún más la búsqueda, selecciona un rango de fechas.

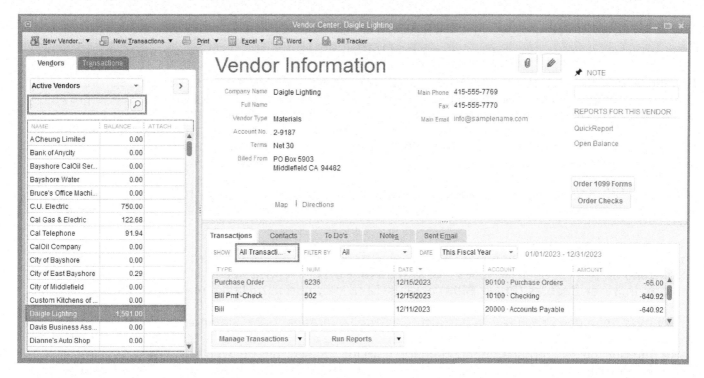

La Ficha Transacciones (**Transactions**) lista todos tus proveedores relacionados con las operaciones, y puedes usarla para encontrar una transacción o transacciones utilizando los criterios que tu especifiques. En la parte izquierda de la pantalla, selecciona el tipo de transacción: Órdenes de compra (**Purchase Orders**), Productos recibidos (**Items Receipts**), Cuentas por pagar (**Bills**), Cheques (**Checks**), etc. que estás buscando. A continuación, utiliza las cajas de lista Filtrar Por (**Filter By**) y Fecha (**Date**) para afinar la búsqueda.

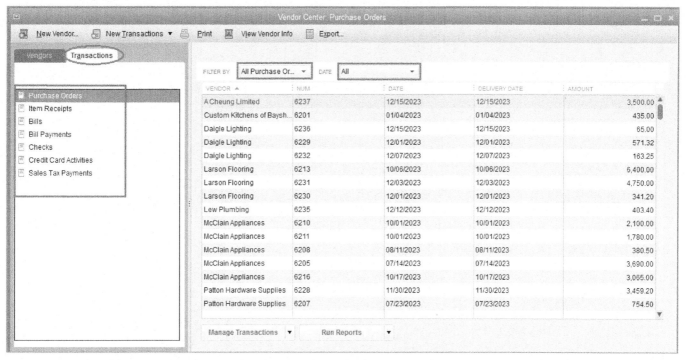

Además, puedes hacer Click en los encabezados de las columnas que QuickBooks muestra en la Lista, para ordenar ascendente o descendente la información de cada columna. Se pueden ocultar o adicionar columnas haciendo Click derecho en la lista a continuación QuickBooks muestra un menú contextual y Elija Personalizar columnas (**Customize Columns**).

GRABANDO LAS FACTURAS O CUENTAS DE LOS PROVEEDORES
(VENDOR'S BILL)

Cuando llegan las facturas de proveedores (**Bills**), es aconsejable que las ingreses de una vez así QuickBooks empieza a programar los pagos de las facturas basándose en los términos que tu proveedor te concede, y te ayuda a asegurar que pagas las facturas a tiempo. Pagar tus facturas tanto tarde como temprano te puede costar dinero. Si pagas las facturas tarde, puedes perder los descuentos ofrecidos por tus proveedores o de incurrir en cargas financieras. Si pagas las facturas demasiado pronto, perderás la oportunidad de utilizar dinero en efectivo para invertirlo y ganar más dinero.

Ten en cuenta que llamaremos "facturas" ("**Bills**") en esta sección a las facturas de los proveedores, para que no te confundas con las facturas de los clientes que generalmente llamamos "**Invoice**" en inglés.

Para ingresar tus Facturas por pagar (**Bills**), Localiza el Centro de Proveedores (**Vendor Center**) y Click en el icono de Nuevas Transacciones (**New Transactions**) > Entrar Facturas (**Enter Bills**). Cuando la ventana Ingresar Cuentas (**Enter Bills**) abra, llena la información de la factura que recibiste.

La ventana tiene dos secciones: la parte superior de la ventana, generalmente referida como la sección de encabezado (**Header**), contiene la información sobre el proveedor y la factura o cuenta (**Bill**). La parte inferior de la ventana, generalmente llamada la sección de Detalles (**Details**), registra la información relacionada con tus cuentas de mayores generales. La sección de Detalles (**Details**) tiene dos pestañas: Gastos (**Expenses**) y Artículos (**Items**). En esta sección se refiere al tipo de factura que grabas. Utilizaremos ahora la pestaña de Gastos (**Expenses**), más adelante se tratará la inclusión de facturas utilizando la pestaña de Artículos (**Items**) en la sección llamada Administrando la Compra de Artículos (**Managing Item Purchases**).

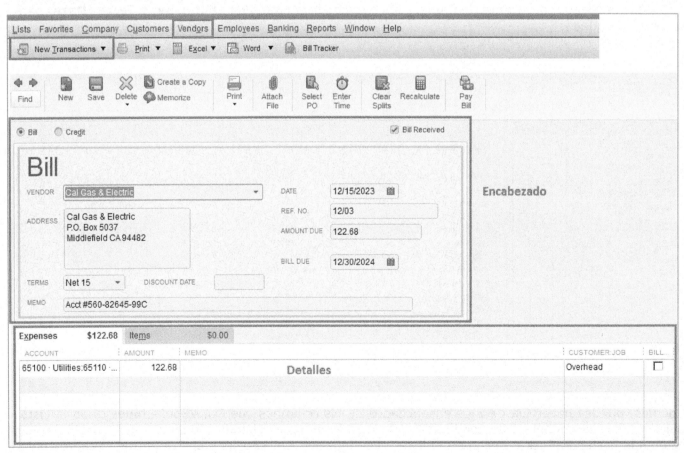

Según la cuenta, tú puedes adjudicar la factura entera a una cuenta de gastos, o quizá deberías partir la factura entre múltiples cuentas de gastos. Por ejemplo, tus facturas de servicios públicos suelen ser enviados a la cuenta de servicios públicos (electricidad, agua, teléfono, etc.). Sin embargo, las tarjetas de crédito se dividen entre un gran número de facturas de gastos y las amortizaciones de los préstamos entre los grupos de cuentas de interés (una cuenta de gastos) y la cuenta principal (una cuenta del pasivo). En el encabezado puedes ver la opción Crédito (**Credit**), para entrar un crédito de un Proveedor (**Vendor**), es decir si tu devolviste unos productos y el proveedor te dio un crédito.

INGRESANDO EL LA CUENTA X PAGAR (ENTER BILL)

- **Paso 1**. En el campo Proveedor (**Vendor**), haz Click en la flecha para escoger el proveedor de la lista de proveedores que se muestra.

  *Nota: Si el proveedor no está en la lista, escoge Adicionar Nuevo (**Add New**) para adicionar este proveedor a tu lista de proveedores de QuickBooks.*

- **Paso 2.** Ingresa la Fecha de la Factura (**Date**).
- **Paso 3.** Ingresa el número de la factura del proveedor en el campo No. De Referencia (**Ref. No.**)
- **Paso 4.** Ingrese la cantidad debida a pagar (**Amount Due**)
- **Paso 5.** En el campo Términos (**Terms**), haz Click en la flecha para mostrar una lista de los términos y selecciona el término que refleje tu acuerdo con el proveedor. QuickBooks cambia la fecha de vencimiento reflejando estos términos. Si no encuentras los términos que tienes con este proveedor, escoge Adicionar Nuevo (**Add New**) para crear una nueva entrada en Términos (**Terms**).
- **Paso 6.** En el campo Vencimiento de Factura (**Bill Due**), QuickBooks rellena automáticamente la fecha de vencimiento, sobre la base de los términos que se estableció con este proveedor. Puedes cambiar esta fecha si así lo deseas.
- **Paso 7.** Si lo deseas, ingresa una nota en la columna Memo (**Memo**).
- **Paso 8.** En la sección de Detalles (**Details**) en la ficha de Gastos (**Expenses**), haz Click en la columna cuenta (**Account**), y entonces haz Click en la flecha que aparece para mostrar tu plan de cuentas (**Chart of Accounts**). Selecciona la cuenta para la cual tú deseas asignar esta factura. QuickBooks automáticamente asigna la cantidad que tú ingresaste en el campo Cantidad Debida (**Amount Due**) a la columna Cantidad (**Amount**).
- **Paso 9.** En la columna Cliente: Trabajo (**Customer: Job**), ingresa el cliente o el trabajo si estas pagando una cuenta que deseas rastrear para el costo del trabajo, o si esta cuenta es un gasto reembolsable. Vea "Manejo de Gastos Reembolsables" más adelante en esta sección.
- **Paso 10**. Si estas realizando seguimiento de las clases, aparecerá una columna Clase (**Class**). Ingresa la clase apropiada.
- **Paso 11.** Cuando hayas terminado haz Click en Guardar y Nuevo (**Save & New**) para guardar esta factura por pagar y mostrar otra ventana Ingresar Facturas (**Enter Bills**) en blanco. Cuando hayas ingresado todas tus facturas, haga Click en Guardar y Cerrar (**Save & Close**)

DIVIDIENDO LOS GASTOS ENTRE MÚLTIPLES CUENTAS

Algunas cuentas (**Bill**), como las de tarjetas crédito o facturas de una compañía de seguros para diferentes tipos de seguros, necesitan ser dividas entre múltiples cuentas en el libro de mayor y balance en vez ser asignadas a una sola cuenta.

Registra una línea en la ficha Gastos (**Expenses**) para cada cuenta en el libro mayor general afectada por la factura.

A medida que añades líneas adicionales a la factura por pagar, QuickBooks actualiza la columna Monto (**Amount**) en la ficha de Gastos (**Expenses**) con el total del valor remanente o saldo basado en el valor que ingresaste en el campo Monto Debido (**Amount Due**) en la sección de encabezado. Este proceso de actualización te proporciona una guía visual de forma que se te hace muy fácil ver si la última partida hace que la sumatoria del total de las partidas coincida con el importe de la factura.

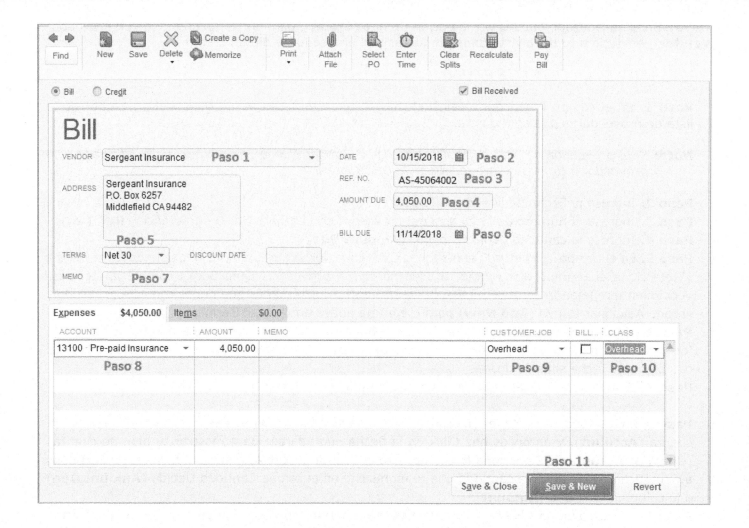

ADMINISTRANDO LA COMPRA DE ARTÍCULOS
(ITEMS PURCHASED MANAGMENT)

Si registras una cuenta de proveedor que incluye artículos que compraste (ya sea para reponer tu inventario o para revender a un cliente), es un poco diferente a una factura por pagar que no incluye artículos. Al comprar los artículos, la operación realmente se compone de dos partes: Recibir los artículos y Recibir la factura de los artículos, puede ser que estos dos temas puedan coincidir, pero no siempre ocurren al mismo tiempo. Es ciertamente posible que la factura por pagar pueda llegar después de los artículos, y en ocasiones, la factura llega antes que los artículos. En esta sección se van a tratar las diferentes situaciones.

Además, algunas compañías les gusta comenzar el proceso de adquisición de artículos utilizando una orden de compra. Esta sección comienza mostrándole como puedes utilizar una orden de compra en QuickBooks.

Para utilizar las características de Inventario y Orden de Compra (**Inventory and Purchase Order**), primero tienes que habilitarlas, mediante los siguientes pasos:

- **Paso 1.** Ir al menú Editar (**Edit**) > Preferencias (**Preferences**).
- **Paso 2.** Haz Click en la categoría Artículos & Inventarios (**Items & Inventory**).
- **Paso 3.** Haz Click en la ficha de Preferencias de la Compañía (**Company Preferences**), y entonces marca las casillas de verificación:

    o Inventario y Órdenes de Compra están Activas (**Inventory And Purchase Orders Are Active**) y Advertencia Sobre Números de Órdenes de Compra Duplicados (**Warn About Duplicate Purchase Order Numbers**).

- Se sugiere que también marques el resto de casillas de verificación y selecciona: Avisar si no hay suficiente inventario a la mano (**Warn if not enough inventory on hand**) Seleccionando una de las opciones.

UTILIZANDO ÓRDENES DE COMPRA (PURCHASE ORDERS)

Tú puedes utilizar las órdenes de compra para ordenar los artículos a los proveedores (**Vendors**) y poder comparar lo que haz pedido contra lo que haz recibido. Crear y Guardar una orden de compra no tendrá efecto en tu información financiera. Cuando creas un orden de compra, QuickBooks almacena la transacción en una cuenta de no contabilización que encontrarás listada en la ventana de Plan de Cuentas (**Chart Of Accounts**). Tú puedes hacer doble Click en la cuenta para ver e inspeccionar las órdenes de compra que hayas ingresado, pero las transacciones no afectan tu información financiera.

COMO CREAR UNA ORDEN DE COMPRA (HOW TO CREATE A PURCHASE ORDER):

- **Paso 1.** Ir al Menu Proveedores (**Vendors**) > Crear Órdenes de Compra (**Create Purchase Orders**), o Elije directamente Órdenes de Compra (**Purchase Orders**) en la Página de Inicio (**Home Page**), o escoge Nuevas Transacciones (**New Transactions**) > Órdenes de Compra (**Purchase Orders**) del Centro del Proveedor (**Vendor Center**).
- **Paso 2.** Selecciona el Proveedor (**Vendor**) de la lista desplegable, si es nuevo puedes adicionarlo usando la opción haciendo Click en <**Add New**>.
- **Paso 3.** Escribe la fecha de compra (**Date**), por defecto despliega la fecha actual.
- **Paso 4.** Confirme el numero de la orden de compra (**P.O Number**). QuickBooks genera un numero secuencial único para cada orden
- **Paso 5.** Confirme el nombre del Proveedor (**Vendor**) y la dirección de envió (**Ship To**). Quickbooks muestra el nombre del Proveedor almacenado en la lista de proveedores. La dirección de envió (**Ship to**) es la dirección de tu compañía, si quieres enviar a otra puedes cambiarla.
- **Paso 6.** Selecciona los Artículos (**Items**) pedidos, uno por cada línea. Si no están en la lista puedes adicionar nuevos usando <**Add New**>.
- **Paso 7.** Escribe la cantidad a Pedir (**Qty**) por cada Artículo.
- **Paso 8.** Confirma el Costo (**Rate**) para cada Artículo. Quickbooks trae el costo almacenado en la lista de artículos (**Item List**). Pero puedes cambiarlo por el costo pactado con tu proveedor.
- **Paso 9.** Si pides un producto para un cliente especifico, selecciona el Cliente (**Customer**), esto es opcional y es para fines de rastrear trabajos en curso (**Customer Jobs**).

- **Paso 10.** Escribe si lo deseas un Mensaje para el Proveedor (**Vendor Message**) y un Memo. Si tienes que clarificar algo en la compra.
- **Paso 11.** Click en Salvar y Nuevo (**Save & New**) para otra orden o Salvar y Cerrar (**Save & Close**) para terminar.

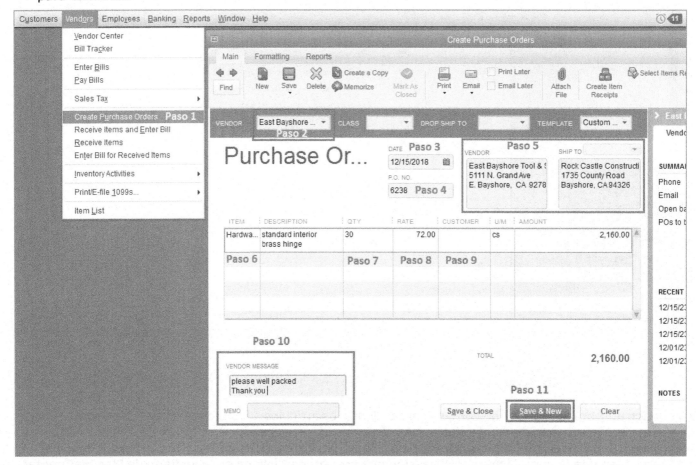

Tú puedes imprimir las órdenes de compra a medida que las creas al hacer Click en el botón Imprimir (**Print**) tan pronto completas la orden de compra, o puedes imprimirlas todas en lote (**Batch**), asegúrate de que aparece una caja de chequeo Imprimir después (**Print Later**) en cada orden de compra. Entonces ingresa todas tus órdenes de compra y, justo antes de guardar la última orden de compra, haz Click en la flecha al lado derecho del botón Imprimir (**Print**) y selecciona Imprimir en Lote (**Batch**).

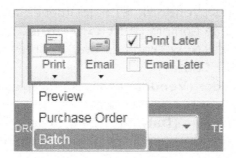

También puedes guardar todas las órdenes de compra y luego ve al menú Archivo (**File**) > Imprimir Formas (**Print Forms**) > Órdenes de Compra (**Purchase Orders**). QuickBooks te mostrara la caja de dialogo con las Órdenes de Compra Para Imprimir (**Select Purchase Orders to Print**), donde puedes seleccionar o remover las órdenes de compra pendientes por imprimir Click en la caja de chequeo (**Check Mark**), Cuando esté listo para imprimir, haz clic en Aceptar (**OK**).

A su vez puedes enviar los órdenes de compra por correo electrónico a medida que las creas, o como un lote, haciendo Click en el botón Email > Enviar Lote (**Batch**). Si tienes la intención de enviar órdenes de compra por correo electrónico en lotes, asegúrate de que debe estar marcada la caja enviar Email luego (**Email Later**) en cada orden de compra que tienes la intención de incluir en el lote.

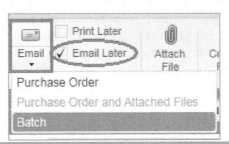

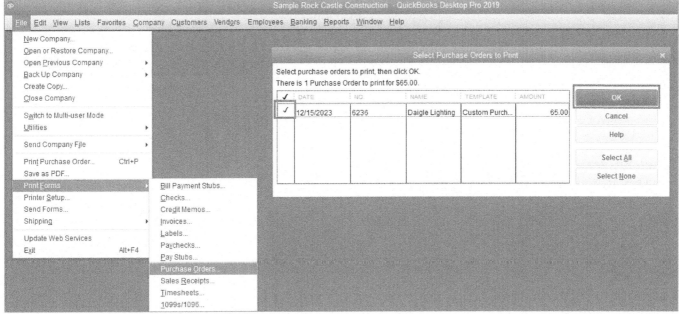

Cuando ordenas algo a un proveedor y recibes menos de lo que se pidió, QuickBooks rastrea los artículos pendientes y los muestra en la columna Pendientes (**Backordered**) de la ventana Crear Órdenes de Compra (**Create Purchase Orders**), la ventana Crear Recibo para Artículos (**Create Item Receipts**) y en la ventana Ingresar Facturas (**Enter Bills**). Tu puedes rastrear las órdenes de compra abiertas utilizando el reporte Órdenes de Compra Abiertas (**Open Purchase Orders**) y el reporte Órdenes de Compra Abiertas por Trabajo (**Open Purchase Orders by Job**). Tú puedes imprimir ambos reportes al seleccionar Reportes (**Reports**) > Compras (**Purchases**) y entonces hacer Click en el reporte apropiado.

RECIBIENDO ARTÍCULOS DE INVENTARIO SIN UNA FACTURA
(RECEIVE INVENTORY WITHOUT BILL)

Si los artículos que tú ordenaste llegan antes de que recibas una factura del proveedor, puedes recibir los artículos y estos se hacen disponibles para la venta. Esto es particularmente útil si tienes un cliente que está esperando por la llegada de estos artículos

Sigue los siguientes pasos:

- **Paso 1.** Ir el Menú Proveedores (**Vendors**) > Recibir Artículos (**Receive Items**) o escoger Recibir Inventario (**Receive Inventory**) > Recibir Inventario sin Factura (**Receive Inventory Without Bill**) en la página principal (**Home Page**).

- **Paso2**. Ingrese el nombre del proveedor, y si existen órdenes de compra para este proveedor, QuickBooks le notificara, haz Click en SI (**Yes**), luego Pon una marca de chequeo al lado de la orden de compra apropiada y haga clic en **OK**. QuickBooks llenará la ventana Creando Recibo de Artículos (**Create Item Receipts**) utilizando la información en la orden de compra.

- **Paso 3.** Compruebe el envío contra el orden de compra y cambie cualquier cantidad que no coincida.

- **Paso 4.** Haz Click en Guardar & Nuevo (**Save & New**) para recibir el siguiente en el inventario, o haz Click en Guardar y Cerrar (**Save & Close**) si haz terminado la recepción de mercancías.

Nota: *Si sabes que no hay un orden de compra para este envío particular, haz Click en **NO** y llena la ventana Creando Recibo de Artículos (**Create Item Receipts**) manualmente. Haz Click en la columna articulo (**Item**) para seleccionar un artículo, proporciona la cantidad que recibiste, llena un costo, si es necesario y si es apropiado, asigna la línea al cliente para hacer un recibo de gastos reembolsables.*

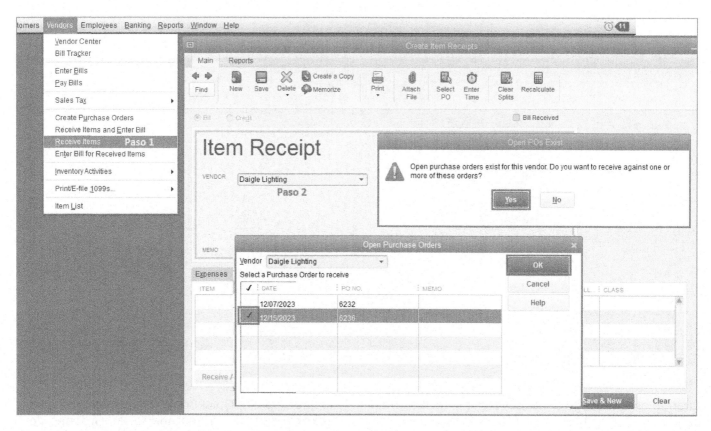

QuickBooks fija las cantidades registradas en la orden de compra a tu inventario y en la cuenta de Cuentas por Pagar (**Accounts Payable**), aunque ninguna factura se muestre como disponible para el pago cuando se hacen los pagos. La entrada a la cuenta de Cuentas por Pagar (**Accounts Payable**) no es un método típico para manejar el recibo de bienes antes de que una factura llegue, pero por último, las entradas de la contabilidad que QuickBooks hace son correctas.

Cuando tu recibes artículos contra un orden de compra, QuickBooks rellena la información de la orden de compra automáticamente.

GRABACIÓN DE FACTURAS DE PROVEEDORES PARA ARTÍCULOS RECIBIDOS (BILL FOR RECEIVED ITEMS)

Después de que recibes los artículos, eventualmente la factura llega del proveedor y necesitas ingresarla debido a que ya oficialmente debes el dinero al proveedor. Te recomendamos que antes de que registres esta cuenta, veas la sección "Resolver Cuestiones de Fecha Convirtiendo Recibos de Artículo a Cuentas." Más adelante en esta sección.

Para ingresar la factura de proveedor (**Vendor Bill**), sigue los siguientes pasos:

- **Paso1.** Ir al menú Proveedores (**Vendors**) > Ingresa la Factura de Artículos Recibidos (**Enter Bill For Received Items**) para abrir la ventana Seleccionar Recibo de Artículos (**Select Item Receipt**).

- **Paso 2.** Selecciona el proveedor que QuickBooks mostrará en los recibos o documentos de los artículos recibidos del proveedor sin factura (**Bill**) asignada.

- **Paso 3.** Selecciona el ítem apropiado y haz Click en **OK.** QuickBooks abre la ventana Ingresar Facturas (**Enter Bills**) y entonces llénala utilizando la información sobre cada ítem recibido.

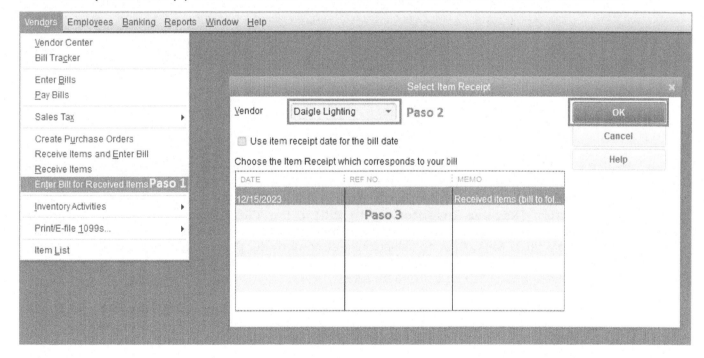

- **Paso 4.** Cambie cualquier cosa que necesite ser cambiada. Por ejemplo, la factura puede especificar un costo diferente por unidad que el contenido en la orden de compra, o la factura puede contener impuestos y gastos de envío que no aparecían en la orden de compra lo cual puedes grabar en la ficha de Gastos (**Expenses**). Si haces algún cambio, haz ClicK en el botón Recalcular (**Recalculate**) de manera que QuickBooks pueda hacer coincidir el total en el campo Cantidad Debida (**Amount Due**) con los cambios en los datos de la línea del artículo.

- **Paso 5.** Haz Click en Guardar & Cerrar (**Save & Close**). QuickBooks te muestra un mensaje preguntándole si estás seguro de que desea salvar los cambios. Haz Click en Si (**Yes**), QuickBooks reemplaza la entrada original a Cuentas por Pagar (**Accounts Payable**) hecha cuando recibió los artículos con la información actualizada de la factura.

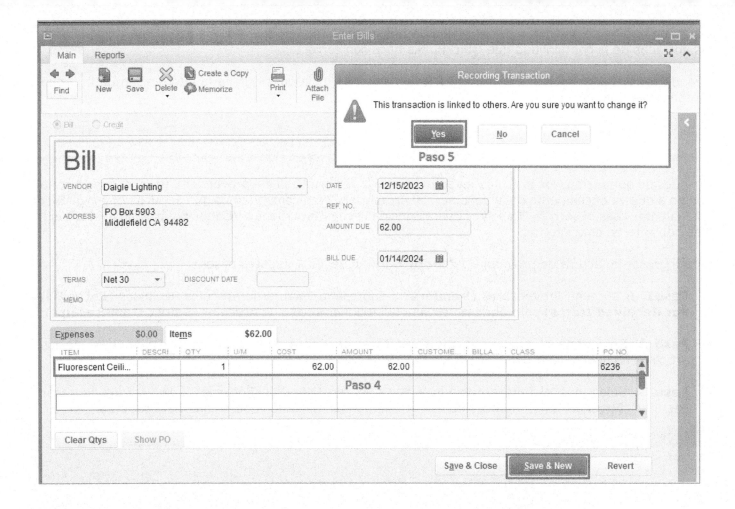

RECIBIENDO ARTÍCULOS Y FACTURAS SIMULTÁNEAMENTE (RECEIVE ITEMS WITH BILL)

Si los artículos y la factura llegan al mismo tiempo, se puede introducir en QuickBooks la información acerca de estos dos eventos simultáneamente. No utilices los pasos que se explicaron en las dos secciones anteriores. Puedes Hacerlo seleccionando la opción del Menu Proveedores (**Vendors**)> Recibir Inventario con Factura (**Receive Inventory with Bill)** o haz Click en el icono Recibir Inventario (**Receive Inventory**) en la página principal (**Home Page**) y selecciona Recibir Inventario con Factura (**Receive Inventory with Bill).** Cuando selecciones el nombre del proveedor, un mensaje aparece si existen órdenes de compra abiertas para este proveedor, preguntándote si deseas recibir los artículos y grabar la factura contra una orden de compra abierta.

Si haces clic en No (**No**). QuickBooks te muestra una ventana en blanco Ingresar Facturas (**Enter Bills**). En la ficha de artículos (**Items**), llena los artículos que llegaron utilizando la información del costo mostrada en la factura. Haz Click en Guardar & Cerrar (**Save & Close**) para guardar la transacción.

Si haces Click en Si (**Yes**), QuickBooks te muestra la ventana Órdenes de Compra Abiertas (**Open Purchase Orders**). Desde esta ventana, selecciona la orden de compra apropiada y haz Click en **OK**. QuickBooks llena los campos en la ventana Ingresar Facturas (**Enter Bills**) utilizando las líneas de artículos en la orden de compra. Corrige cualquier diferencia en cantidad y precio entre la orden de compra original y tu factura. Cuando guardes la transacción, QuickBooks recibe los artículos en el inventario además de ajustar la factura a A/P.

Este proceso es prácticamente igual al descrito anteriormente.

REGISTRANDO CRÉDITOS DE LOS PROVEEDORES.

Si recibes un crédito por parte de un proveedor por una devolución de productos o un ajuste de precios en una Factura (**Bill**), etc. Puedes registrar un crédito de tu proveedor a una factura abierta, o puedes dejarlo en el sistema para aplicarlo a la siguiente orden de compra de este proveedor.

Para Crear un crédito de un proveedor, utiliza la ventana Ingresar Facturas (**Enter Bills**) y siga los sigue los pasos:

- **Paso 1.** Haz Click en el menú Proveedores (**Vendors**) > Ingresar Facturas (**Enter Bills**) o desde la página principal (**Home Page**) Click en el Icono Ingresar Facturas (**Enter Bills**).
- **Paso 2.** Selecciona la opción crédito (**Credit**). QuickBooks cambia los campos en la forma (como se muestra en la figura a continuación).
- **Paso 3.** Selecciona el proveedor desde la lista desplegable que aparece cuando haces Click en la flecha del campo Proveedor (**Vendor**).
- **Paso 4**. Ingresa la fecha de la nota crédito (**Date**).
- **Paso 5**. En el campo Referencia No. (**Ref. No.**), ingresa el número del crédito del proveedor, es opcional.
- **Paso 6.** Ingresa la cantidad de la nota crédito.
- **Paso 7**. Si necesitas describir el origen o causa de esta nota crédito, utiliza el campo memo.

    o Si el crédito no es para artículos, utiliza la Ficha de Gastos (**Expenses**) para asignar una cuenta y una cantidad a este crédito.
    o Si el crédito es por artículos, utiliza la Ficha de Artículos (**Items**), para ingresar los artículos, junto con la cantidad y el costo, para los cuales estas recibiendo este crédito. Ingresando los artículos de inventario en un crédito reduce la cantidad de pasos y manejo para estos artículos.

- **Paso 8.** Haz Click en Guardar & Cerrar (**Save & Close**) para guardar este crédito.

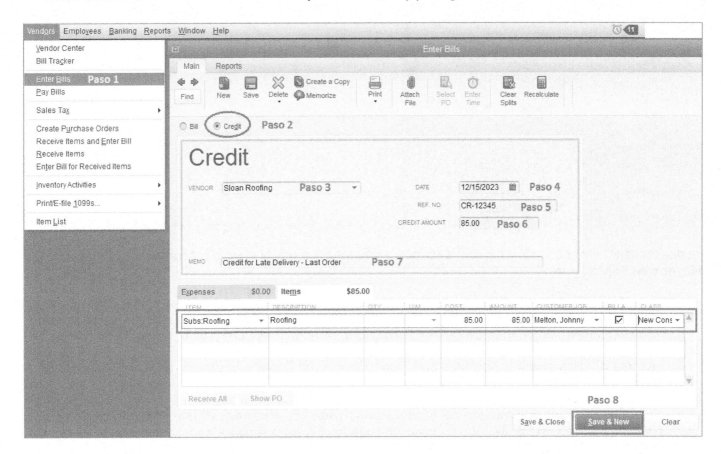

INGRESO DE FACTURAS RECURRENTES DE PROVEEDOR (RECURRENT BILLS)

Si pagas algunas Cuentas o Facturas (**Bills**) en una base de tiempo regular. Por ejemplo, haces pagos de alquiler o hipotecas cada mes. Puedes pagar fácilmente estas facturas cada mes sin tener que ingresarlas continuamente, QuickBooks proporciona una característica llamada Transacciones Memorizadas (**Memorized Transactions**) y puedes poner esto a funcionar para estar seguro de que las cuentas por pagar (**Bills**) periódicas son saldadas o abonadas.

Puedes crear transacciones memorizadas (**Memorized Transactions**) para las facturas que pagas con cierta frecuencia (no solamente mensualmente). Por ejemplo, puedes memorizar una factura de algunos pagos del seguro del auto, los cuales ocurren cada 3 o 6 meses. También puedes memorizar facturas para transacciones que ocurren con cierta frecuencia, pero las cantidades varían, como por ejemplo las facturas de teléfono o las facturas de electricidad.

CREANDO UNA FACTURA DE PROVEEDOR MEMORIZADA (MEMORIZE BILL)

Para crear una transacción memorizada para una factura recurrente, primero abre la ventana de Ingresar Facturas (**Enter Bills**) y llena la información como se ve en la figura que se muestra a continuación.

Si la cantidad de la factura recurrente no es siempre exactamente la misma cantidad, deja el campo Cantidad Debida (**Amount Due**) en blanco. Puedes llenar la cantidad cada vez que la utilices. Antes de guardar la transacción, memorícela al presionar **CTRL+M** o Click en el icono de Memorizar (**Memorize**) ubicado en la parte superior de la ventana.

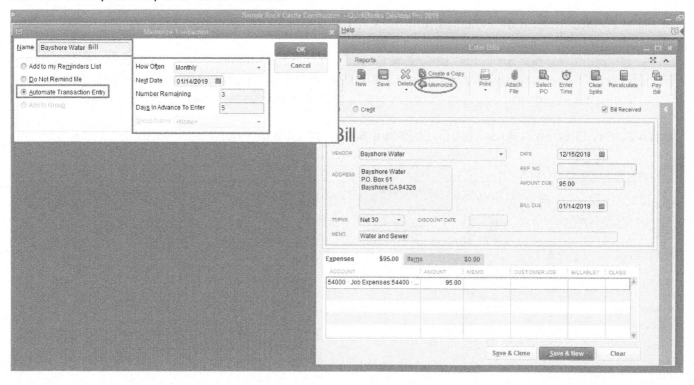

Puedes realizar las siguientes selecciones cuando terminas de llenar la ventana Memorizar la Transacción (**Memorize Transaction**).

- Utilizar el campo Nombre (**Name**) para ingresar un nombre para la transacción. QuickBooks automáticamente ingresa el nombre del proveedor, pero puedes cambiarlo. Utiliza un nombre que describa la transacción de manera que no tengas que retener esta información en su memoria.

- Escoge una de las siguientes opciones para especificar como QuickBooks debe manejar el ingreso de la factura memorizada:

    - Selecciona Adicionar a mi lista de Recordatorios (**Add My Remiders List**), opción por defecto, para indicarle a QuickBooks que le recuerde cuando abre su compañía que usted necesita ingresar esta factura.
    - Selecciona No me Recuerde (**Don't Remind Me**) si deseas ingresar la factura sin ningún recordatorio.
    - Selecciona Ingresar Automáticamente (**Automatically Enter**) para que QuickBooks ingrese esta factura automáticamente, sin ningún recordatorio.

- Si escoges Recordarme (**Remind Me**), tienes las dos siguientes opciones adicionales para configurar:

    - Desde la lista Cada Cuanto (**How Often**), selecciona el intervalo para esta factura.
    - Ingrese los datos para el campo Siguiente Fecha (**Next Date**) cuando vence la factura.

- Si escoges Ingresar Automáticamente (**Automatically Enter**), puedes configurar las mismas opciones que si hubieras escogido Recordarme (**Remind Me**), conjuntamente con las siguientes opciones adicionales:

    o Si planeas pagar esta factura un número determinado de veces – los créditos hipotecarios caen en esta categoría – utiliza el campo Numero Remanente (**Number Remaining**) para especificar cuantas veces QuickBooks debe pagar esta factura.

    o Especifica el número de días de Antemano para Ingresar esta Factura en el Sistema (**Days in Advance to Enter**). En el momento oportuno, la cuenta aparece en la lista de Facturas Seleccionadas para Pagar (**Select Bills to Pay List**) que utilizas para pagar tus facturas.

    o Haz Click en **OK** para guardar la factura memorizada. Entonces, haz Click en Guardar y Cerrar (**Save & Close**) en la ventana Ingresar Facturas (**Enter Bills**) para guardar la factura.

VER FACTURAS DE PROVEEDOR MEMORIZADAS (CHECK MEMORIZE BILLS)

Puedes ver las Facturas o Cuentas de los proveedores que han sido memorizadas, Haciendo Click en Listas (**Lists**) > Lista de Transacciones Memorizadas (**Memorized Transaction List**), o presionando **CTRL+T**. Aquí se muestran todas las transacciones memorizadas, en nuestro caso puedes observar la columna tipo (**Type**) **Bill**.

Haz Doble Click si quieres ver o modificar la factura del proveedor (**Bill**) y abre la ventana habitual de Ingreso de Facturas (**Enter Bills**) mostrando el próximo vencimiento.

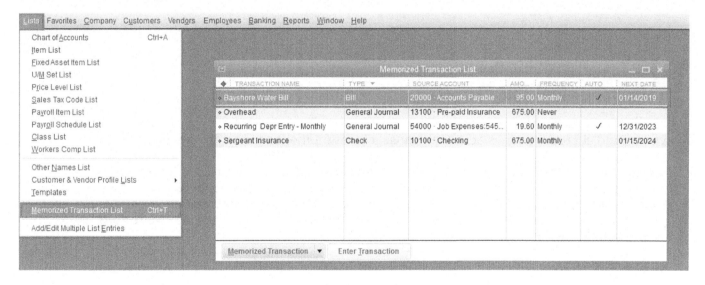

CREANDO GRUPOS DE FACTURAS MEMORIZADAS

Suponga que tienes un grupo de transacciones memorizadas que debes cancelar o pagar los primeros días de cada mes. No tienes que seleccionar una cada vez para pagarlas. En cambio, puedes crear un grupo que QuickBooks ingresará de manera simultánea.

Para crear un grupo sigue los siguientes pasos:

- **Paso 1.** Presiona **CTRL+T** para mostrar la lista de Transacciones Memorizadas (**Memorized Transaction List**) o Click en el menú Listas (**Lists**) > Lista de Transacciones Memorizadas (**Memorized Transaction List**).

- **Paso 2.** Haz Click derecho en cualquier sitio en blanco en la ventana de Transacciones Memorizadas (**Memorized Transaction**) y escoge Nuevo Grupo (**New Group**) desde el menú desplegable. La caja de dialogo Nuevo Grupo de Transacciones Memorizadas aparece (**New Memorized Transaction Group**). Esta ventana luce casi idéntica a la caja de dialogo Memorizar Transacciones (**Memorized Transactions**) mostrada anteriormente en este documento.

- **Paso 3.** Escribe el nombre para el grupo y llena los campos para especificar la forma como deseas que QuickBooks maneje esta factura en este grupo.

- **Paso 4.** Haz Click en **OK** para guardar este grupo. QuickBooks ubica una entrada en negrilla en la

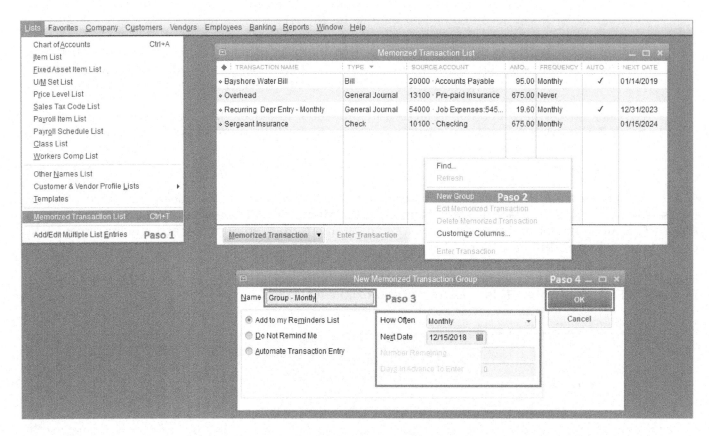

Una vez creado el grupo, puedes adicionar transacciones memorizadas como se muestra a continuación:

- **Paso 1.** En la ventana de Lista de Transacciones Memorizadas (**Memorized Transaction List**), haz Click derecho en la primera transacción memorizada que deseas adicionar al grupo y entonces escoge Editar Transacciones Memorizadas (**Edit Memorized Transaction**) del menú desplegable. QuickBooks abre la ventana de Programación de Transacciones memorizadas (**Schedule Memorized Transaction**) para esta transacción.

- **Paso 2.** Selecciona la Opción Con Transacciones en Grupo (**With Transactions in Group**).

- **Paso 3.** Abre la lista de Nombre de Grupo (**Group Name**) y selecciona el grupo que recién acabas de crear.

- **Paso 4.** Haz Click en **OK** y repite estos pasos para cada factura que deseas adicionar al grupo.

En el futuro, puedes asignar nuevas facturas memorizadas para este grupo a medida que crees cada nueva factura memorizada y selecciona la opción con Transacciones en Grupo (**With Transactions in Group**) y escoge el grupo.

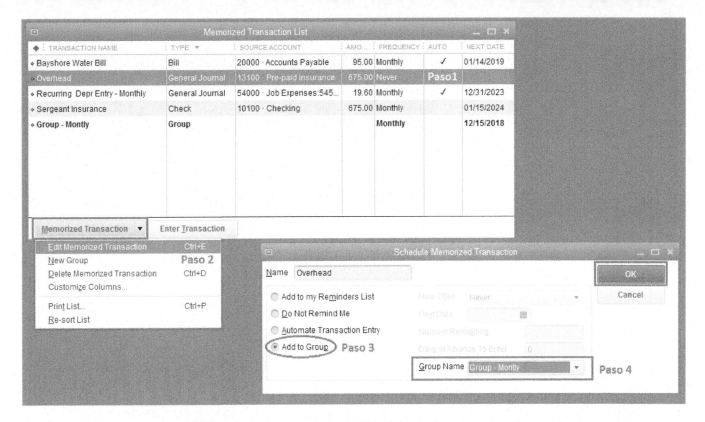

PAGANDO FACTURAS DE PROVEEDORES (ACCOUNTS PAYABLE)

La expresión "Escribiendo Cheques" no debe ser tomada literalmente. Puedes permitir a QuickBooks que "Escriba" cheques para computador e imprimirlos. Con excepción de firmar el cheque, QuickBooks puede hacer todo el trabajo y ahorrarte un tiempo considerable.

ESCOGIENDO QUE PAGAR.

Cuando pagues tus facturas, QuickBooks no te obliga a que pagues cada factura que ingresaste, o pagar la cantidad completa para cada factura. Tu balance actual y tu relación con tus proveedores tiene una gran influencia en las decisiones que tomes.

VIENDO LAS FACTURAS (BILLS) NO PAGADAS.

Comienza examinando el reporte de resumen por edad de Cuentas por Pagar (**A/P Aging Summary**) o el reporte Detalle de Facturas no Pagas (**Unpaid Bills Detail**). El resumen de Cuentas por pagar por edad, lista las facturas que debes a tus proveedores basándose en su antigüedad, para ver los reportes haz lo siguiente:

- Ir al Menu Reportes (**Reports**) > Proveedores & Cuentas x Pagar (**Vendors & Payables**) > Resumen por Edad de Cuentas por Pagar (**A/P Aging Summary**).

- El reporte de facturas no pagadas (**Unpaid Bills Detail**) lista las facturas que debes al proveedor. Selecciona Reportes (**Reports**) > Proveedores & Cuentas x Pagar (**Vendors & Payables**) → Detalle de Facturas no Pagadas (**Unpaid Bills Detail**).

Puedes hacer doble Click en cualquier entrada, te aparece la lupa del Zoom para ver el detalle de la factura original que ingresaste del proveedor (**Bill**) que originó la deuda. Puedes filtrar el reporte para mostrar únicamente ciertas facturas si haces Click en Personalizar el Reporte (**Customize Report**) y cambiar las opciones en la pestaña Filtros (**Filters**). Por ejemplo, puedes desear:

- Filtrar las facturas que se vencen hoy o previamente, eliminando las facturas que se vencen después de hoy.
- Filtrar las facturas que tienen más o menos de cierta cantidad.
- Filtrar las facturas que tienen un número de días de vencimiento.

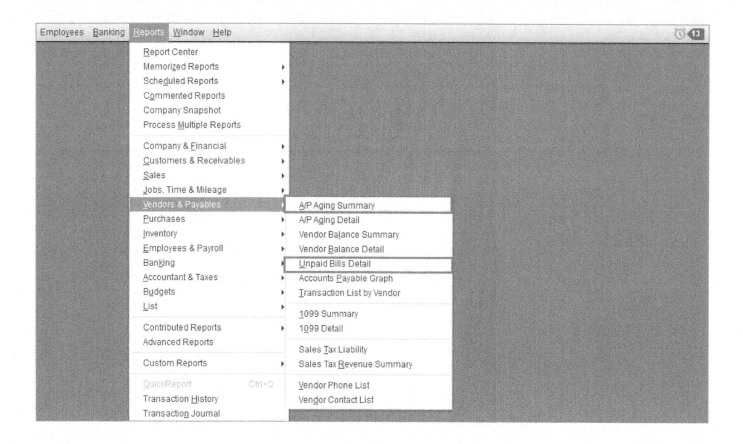

SELECCIONA LAS FACTURAS A PAGAR (PAY BILLS)

Cuando estés listo para indicarle a QuickBooks cuales facturas deseas pagar. Selecciona Proveedores (**Vendors**) > Pagar Facturas (**Pay Bills**) desde la barra de menú. La ventana Pagar Facturas (**Pay Bills**) aparecerá.

Puedes utilizar las opciones en la ventana para mostrar solamente algunas facturas, ordenar las facturas por diferentes criterios y aplicar créditos y descuentos.

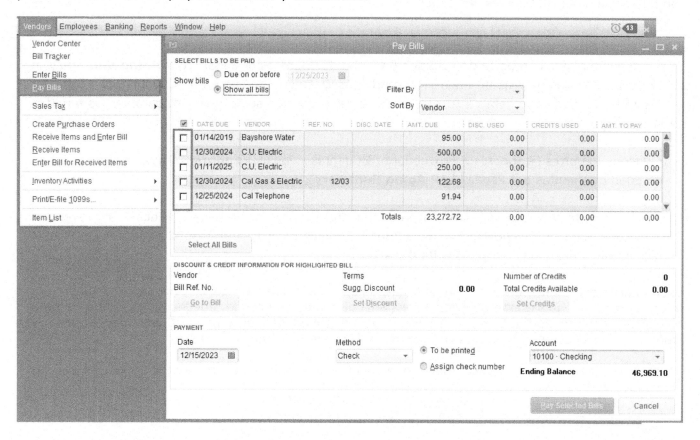

PAGANDO FACTURAS COMPLETAS

Si deseas pagar las facturas completas como aparecen en la ventana de Pago de Facturas (**Pay Bills**) y no necesitas preocuparse acerca de créditos o descuentos, entonces haz Click en el botón **Seleccionar Todas las Facturas (Select All Bills)** en la parte superior de la ventana para seleccionar todas las facturas para pagar. Después de que hagas Click, el botón Seleccionar Todas las Facturas (**Select All Bills**) cambia el nombre a Limpiar Selecciones (**Clear Selectionts**). Cuando tú pagas todas las facturas completas, QuickBooks realiza las siguientes entradas en su cuenta principal:

Account	Debit	Credit
Accounts Payable	Total bill payments	
Bank		Total bill payments

QuickBooks no hace ninguna entrada en la cuenta de gastos cuando tú pagas las facturas debido a que QuickBooks hace estas entradas cuando ingresas las facturas. Tu únicamente necesitas actualizar las cuentas de gastos si no ingresas ninguna factura, pero si escribes un cheque.

REALIZANDO PAGOS PARCIALES

Si no deseas pagar una factura en su totalidad, puedes fácilmente ajustar la cantidad. Haz Click en la columna de marca de chequeo en la lista de facturas para seleccionar la factura para pagar. A continuación, haz Click en la columna Cantidad a Pagar (**Amount To Pay**) y reemplaza la cantidad que muestra QuickBooks con la cantidad que deseas pagar.

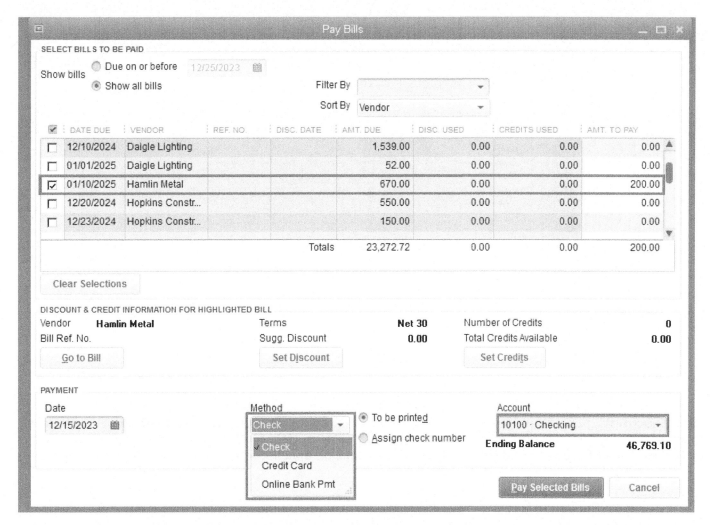

Puedes también, seleccionar el método de pago, haciendo Click en la lista desplegable Método (**Method**). En nuestro ejemplo utilizaremos Cheque (**Check**) que es el más común.

Cuando QuickBooks ingresa la transacción en el libro mayor, pone el valor del pago como un debito en la cuenta de Cuentas por Pagar (**Accounts Payable**) y como un crédito a su cuenta bancaria, el saldo pendiente de pago de la factura permanece en la cuenta de Cuentas por Pagar.

APLICANDO DESCUENTOS

Las facturas con descuentos por pago oportuno muestran la Fecha de Descuento (**Discount Date**) en la columna Fecha de Descuento (**Disc. Date**). Si no aparece una fecha en la columna Fecha de descuento, la factura no tiene un descuento asociado a ella.

Selecciona la factura haciendo Click en la columna de casillas de marca de chequeo, y el descuento será aplicado automáticamente. Puedes ver la cantidad en la columna Descuento Usado (**Discount Used**) y la columna Cantidad a Pagar (**Amount To Pay**) se ajusta consecuentemente, siempre y cuando la fecha en el campo Fecha de Vencimiento "Debido En o Antes de" (**Due On or Before**) sea igual, o anterior, que la fecha de descuento.

Si QuickBooks no aplica la fecha de descuento automáticamente, revisa tus preferencias. Si deseas que QuickBooks aplique los descuentos y créditos automáticamente, entonces escoge:

- Editar (**Edit**) > Preferencias (**Preferences**), hacer Click la categoría Facturas x Pagar (**Bills**) en la parte izquierda, y en la pestaña de Preferencias de Compañía (**Company Preferences**), marca la casilla de verificación Automáticamente Use Descuentos y Créditos (**Automatically Use Discounts And Credits**). También selecciona Cuenta de Descuento por Defecto (**Default Discount Account**) y Click en **OK**.

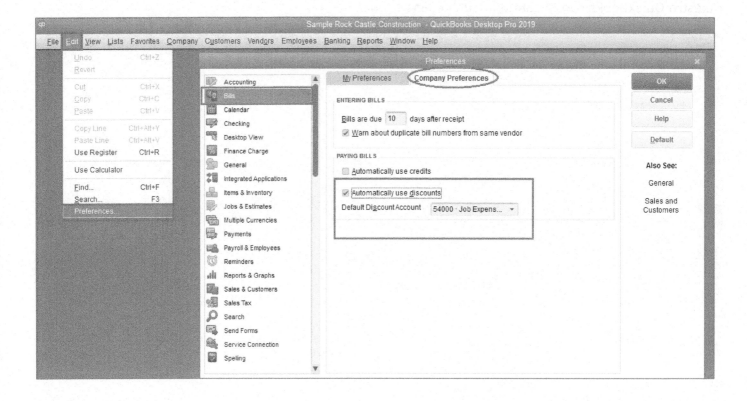

Si estás haciendo un pago parcial y deseas ajustar el descuento, haz Click en el botón Asignar Descuento (**Set Discount**) para abrir la ventana Descuentos y Créditos (**Discount and Credits**), y entonces ingresa el valor del descuento que deseas tener. Haz Click en Hecho (**Done**) para mostrar nuevamente la ventana Pagar Facturas (**Pay Bills**), donde QuickBooks ha aplicado el descuento y ajustado la columna Cantidad a Pagar.

Muchos negocios llenan la cantidad de descuento aún si el periodo de descuento ha terminado. El pago resultante, con el descuento aplicado, es frecuentemente aceptado por el proveedor.

Para tomar un descuento después de la fecha de descuento, utiliza los mismos pasos explicados en la sección precedente para aplicar un descuento. Cuando haces Click en el botón Asignar Descuento (**Set**

Discount) para abrir la ventana "Descuento y Créditos" (**Discount and Credits**), la cantidad mostrada para el descuento es cero. Introduce el descuento al que tienes derecho si hubiera pagado la factura en el momento oportuno y, a continuación, haz Click en Hecho (**Done**).

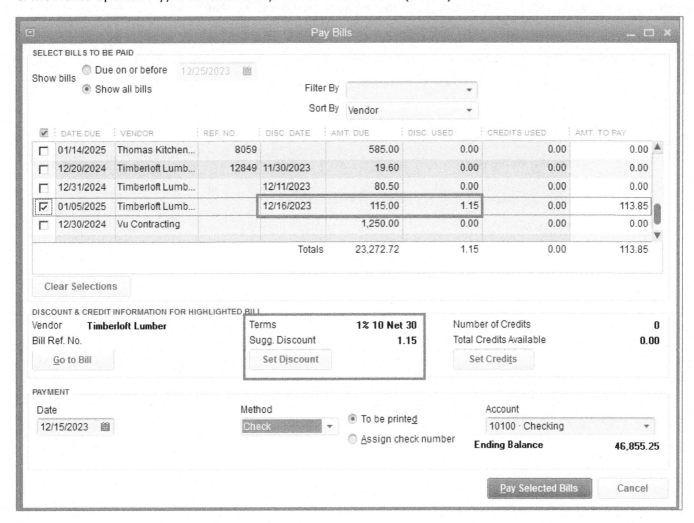

APLICANDO CRÉDITOS

Si haces Click en la ventana Pago de Facturas (**Pay Bills**), veras los créditos disponibles en el campo Total de Créditos Disponibles (**Total Credits Available**) por debajo de la lista de facturas no canceladas. Si aún no te aparecen créditos, puede ser que no haz configurado las preferencias para créditos automáticos, ve al menú Editar (**Edit**) > Preferencias (**Preferences**) > Facturas x Pagar (**Bills**) y haz en la ficha Preferencias de Compañía (**Company Preferences**) y Click en el cuadro de chequeo Use los Créditos Automáticamente (**Automatically use Credits**) para aplicar automáticamente los créditos.

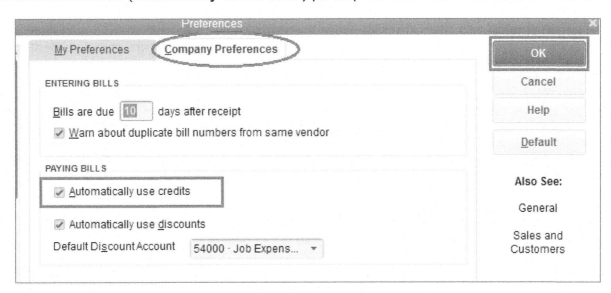

Selecciona cualquier factura de un proveedor para el que los créditos existen, QuickBooks aplicará automáticamente el crédito(s). La cantidad del crédito aparece en la columna Créditos Usados (**Credits Used**), y QuickBooks ajusta la columna Cantidad a Pagar (**Amount To Pay**).

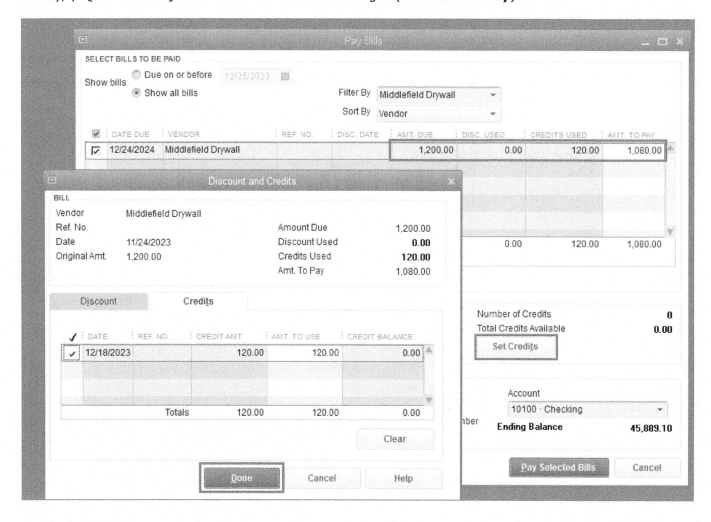

Si no haz configurado las preferencias para aplicar los créditos automáticamente, o si no deseas tomar los créditos, haz Click en Configurar Créditos (**Set Credits**) para abrir la ventana Descuentos y Créditos (**Discount And Credits**). Desmarca (**UnCheck**) el crédito para no aplicarlo y Click en Hecho (**Done**), la columna Cantidad a Pagar (**Amount To Pay**) reflejara los ajustes hechos.

Si el total de tus créditos con el proveedor son iguales, o exceden, la factura(s) que seleccionaste, QuickBooks te muestra un mensaje indicándote que no será creado ningún cheque, debido a que el total de la factura se paga con créditos.

Es posible que tengas varias facturas para pagar de un proveedor y un crédito que puedes utilizar para pagar una factura entera. Si escoges utilizar el crédito para pagar una factura completamente, podrías informar al proveedor que tomarás esta acción, ya que el cheque que envías no incluye ninguna referencia a la factura que estas pagando completamente por un crédito del proveedor.

Para informarle a un proveedor que estas pagando una factura utilizando un crédito, puedes imprimir la historia de la factura e incluirla con el pago. Para imprimir la historia de una factura, despliega la factura en la ventana Ingresar Facturas (**Enter Bills**) – puedes hallar la factura en el Centro de Proveedor (**Vendor Center**) – y entonces hacer Click en el botón Historia de la Transacción (**Transaction History**) para mostrar un registro de cómo la cuenta fue pagada. Cuando QuickBooks muestre la historia de la factura, haz Click en Imprimir (**Print**)

Alternativamente, puedes distribuir el crédito entre varias facturas del proveedor entonces ninguna de las facturas del proveedor será pagada por completo por el crédito.

GUARDANDO LA INFORMACIÓN DE PAGO DE FACTURAS

Cuando termines de seleccionar las facturas a pagar, haz Click en Pagar Las Facturas Seleccionadas (**Pay Selected Bills**). Lo que veas a continuación depende de si haz seleccionado la opción Asignar Cheque No. (**Assign Check No.**) o la opción Para Ser Impreso (**To be Printed**) en la ventana Pagar Facturas (**Pay Bills**). Si seleccionaste la opción Asignar Cheque No. (**Assign Check No**) debido a que tu escribes los cheques de forma manual, aparece la caja de dialogo Asignar Números de Cheques (**Assign Check Numbers**), lo que te permite decidir si debe QuickBooks asigna los números de cheques, o si tú vas a escribirlos manualmente. Si deseas asignar los números de cheques, escríbelo en la columna Número de Cheque (**Check No.**) y haz Click en **OK.**

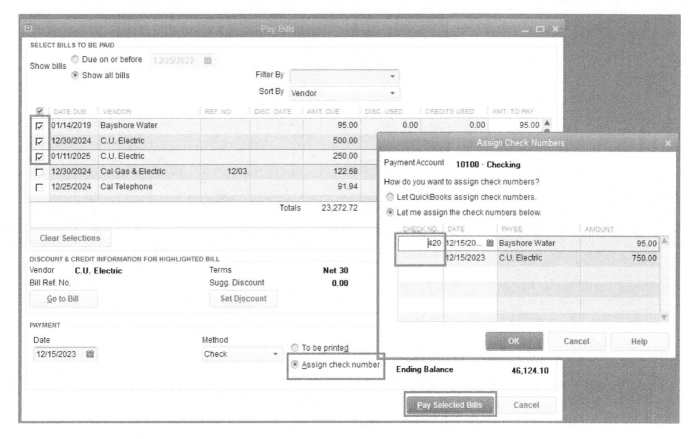

Si tu seleccionaste la opción Para Ser Impreso (**To be Printed**), la caja de dialogo Asignar Números de Cheques (**Assign Check Numbers**) no aparecerá.

Independientemente de la opción que selecciones, QuickBooks te muestra la ventana de Resumen de Pago (**Payment Summary**), la cual enumera los cheques que haz creado en la ventana de pago de facturas (**Pay Bills window**). Desde la Ventana de Resumen de Pagos, tú puedes hacer Click en:

- Pagar Mas Facturas (**Pay More Bills**) para continuar pagando facturas.
- Imprimir Cheques (**Print Checks**) para iniciar el proceso de imprimir cheques si opto por imprimir cheques.
- Hecho (**Done**)

QuickBooks también transfiere toda la información sobre los cheques que tu creaste al libro mayor general y registra los pagos en su registro de cuenta de talonario de cheques o el registro de cuenta de tarjeta de crédito. Puedes ver los cheques en el registro de la cuenta bancaria: presiona **CTRL+R** o haz Click en el menú Banca (**Banking**) > Usar Registro (**Use Register**) y selecciona la cuenta bancaria. Si escoges la opción Asignar Numero de Cheque (**The Assign Check No**), los cheques aparecen con los números que haz asignado. Si seleccionaste la opción Para Ser Impreso (**To Printed**), el registro de cuenta bancaria muestra To Print (**Para Imprimir**) el número del cheque.

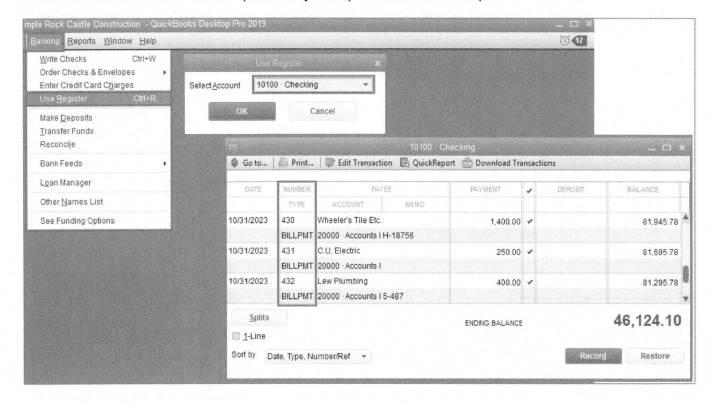

Los cheques que tienes la intención de imprimir para hacer el pago físico de las facturas a los proveedores (**Bills**) aparecen registrados en el registro de cuenta corriente.

PREPARANDO CHEQUES MANUALES (PREPARING MANUAL CHECKS)

Si vas a escribir los cheques manualmente, es una buena idea imprimir el registro o resumen de los cheques hechos a los proveedores. Para imprimir el registro, presiona **CTRL+R** y selecciona la cuenta bancaria correcta. Entonces, haz Click en el icono Imprimir (**Print**) en la parte superior de la ventana de registros. En el dialogo Registro de Impresión (**Print Register**), selecciona el rango de fechas que abarcan los cheques que deseas escribir – usualmente son todos de la misma fecha- y haz Click en **OK**. QuickBooks abre el cuadro de dialogo Imprimir Listas (**Print Lists**), donde puedes seleccionar las opciones de impresión antes de hacer Click en Imprimir (**Print**) para imprimir.

IMPRIMIENDO CHEQUES (CHECKS PRINTING)

Imprimir tus cheques es mucho más fácil y rápido que utilizar cheques manuales y esto deja menos margen de error. Antes de imprimir, sin embargo, tienes que mirar algunas tareas preliminares. Tú debes comprar cheques para computadora y configurar la impresora.

COMPRANDO CHEQUES PARA COMPUTADOR

Puedes comprar cheques para computador para matriz de puntos o para impresoras láser o de tinta de muchos proveedores. Investiga los precios y las opciones disponibles de las siguientes fuentes:

- Intuit, la compañía que creó el QuickBooks, vende cheques a través de su sitio de internet, el cual puedes ver en www.intuitmarket.com

- Compañías comerciales de venta de formas. Varias compañías nacionales conocidas pueden ser examinadas como Deluxe, Safeguard y NEBS.
- Tiendas de suministros de oficina como Staples, Office Depot, Quills y otros.
- Consulta con tu banco. Algunos bancos tienen un acuerdo de compra de cheques de computador con los proveedores.

Si compras cheques de cualquier proveedor que no sea Intuit, tienes que decirles que utilizas el QuickBooks. Todos los fabricantes de cheques conocen acerca de QuickBooks y ofrecen una línea de cheques diseñados para trabajar perfectamente con el software.

Los cheques de computador vienen en diversas variedades (en un amplio rango de colores y diseños). Para QuickBooks, puedes usar cualquiera de los siguientes tipos de cheques:

- Cheques Planos.
- Cheques preimpresos en los cuales QuickBooks imprime la información de la empresa.
- Cheques con diseños especiales para cheques del año y con información de salarios y con desprendibles para el pago de nómina (**Payroll Stubs**).
- Cheques tamaño carta.

CONFIGURA LA IMPRESORA (PRINTER SET UP)

Antes de imprimir cheques, QuickBooks necesita conocer acerca del tipo de cheque que utilizas: Tú debes proporcionar la información en la ventana Configurar Impresora (**Printer Setup**).

- **Paso 1.** Selecciona Archivo (**File**) > Configurar Impresora (**Printer Setup**) desde la barra de menú
- **Paso 2.** Selecciona Cheque/Pago de Cheques (**Check/PayCheck**) como la forma en la ventana Configurar Impresora (**Printer Setup).**
- **Paso 3.** Escoge el nombre de la impresora y el tipo que coincida con los cheques que estas usando.
- **Paso 4.** Escoge el estilo (**Check Style**)

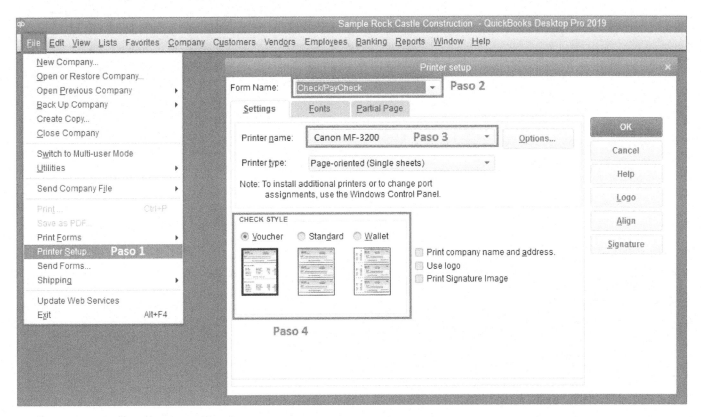

ESCOGIENDO UN ESTILO DE CHEQUE (CHEK STYLE)

Selecciona el estilo de cheque que coincida con el estilo que compraste:

- **Cheques con Comprobante (Voucher)**: Estos cheques son del mismo ancho que los cheques normales, pero tienen una sección desprendible en la parte inferior del cheque. QuickBooks imprime información en el vale o voucher incluyendo el nombre del beneficiario, la fecha, y las cantidades individuales de las facturas pagadas por este cheque.

- **Cheques Estándar (Standard)**: Estos cheques son del ancho de un sobre #10. La impresora láser imprime tres en una página. Los cheques para impresoras de matriz de punto vienen en formas continuas con perforaciones separando los cheques.

- **Cheques Billetera (Wallet)**: Estos cheques son más estrechos que los otros dos estilos de cheques. El tamaño del papel es el mismo como los otros cheques, pero hay una perforación en el borde izquierdo del cheque, entonces puedes arrancar el cheque, en la parte que queda (**Stub**) QuickBooks imprime el número de cheque, beneficiario, cantidad y fecha.

ADICIONANDO UN LOGO (USE LOGO)

Si tus cheques no tienen un logo pre-impreso y tienes un archivo digital del logo de tu compañía, selecciona la opción Utilizar Logo (**Use Logo**), o haz Click en el botón Logo para abrir la caja de dialogo Logo, luego haz Click en el botón Archivo (**File**) para localizar el archivo digital, el cual debe ser una gráfica de mapa de bits (la extensión del archivo es **.JPG**, **.PNG**, **.BMP**, etc.)

ADICIONANDO LA FIRMA (USE SIGNATURE)

Tú puedes usar una firma electrónica previamente scaneada y guardada en formato **.BMP**, **.JPEG**, **.PNG**, and **TIFF**. Haz Click en el botón Firma (**Signature**) para abrir la caja de dialogo, luego haz Click en el botón Archivo (**File**) para localizar el archivo digital.

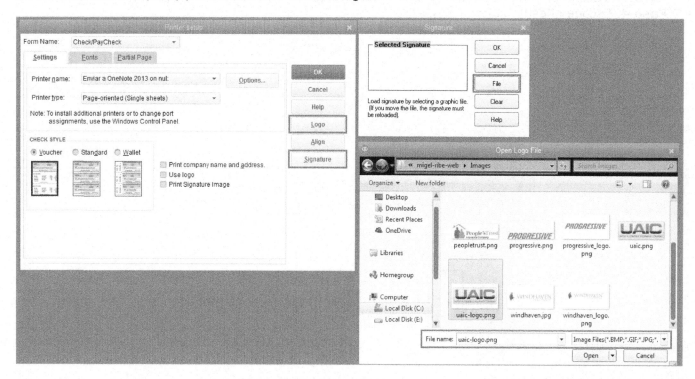

CAMBIANDO FUENTES o TIPOS DE LETRA (FONTS)

Haz Click en la pestaña Fuentes (**Fonts**) en la ventana Configurar Impresora (**Printer Setup**) para escoger diferentes tipos de letra para la información de los cheques, tal como cantidades de importes (**Amounts**) o direcciones y nombre de la empresa (**Address Font**). Haz Click en el botón correspondiente y, a continuación, elige una fuente, un estilo de fuente, y el tamaño de la ventana que se abre.

MANEJANDO PAGINAS PARCIALES (PARCIAL PAGE) DE CHEQUES EN IMPRESORAS LASER Y DE TINTA.

Si estas imprimiendo en una impresora de tinta o laser y estas utilizando cheques estándares o de billetera (**Wallet**), no siempre tienes el lujo de imprimir el número exacto de cheques que vienen en una página de cheques. QuickBooks tiene una solución elegante para este problema, que es encontrado en la ficha Página Parcial (**Partial Page**). Selecciona la opción que coincide con la forma en que tu impresora imprime sobres, en este caso Quickbooks trata tu cheque como si fuera un sobre (**Envelope**), por lo tanto, debes ubicarlo en la bandeja de sobres o alimentador de sobres (**Envelope Feeder**). Consulta el manual de tu impresora para más detalles. Por último, Haz Click en **OK** en la ventana de Configuración de la Impresión (**Printer Setup**) para guardar la información de configuración de impresión para cheques. Ahora, tú puedes estar listo para imprimir sus cheques.

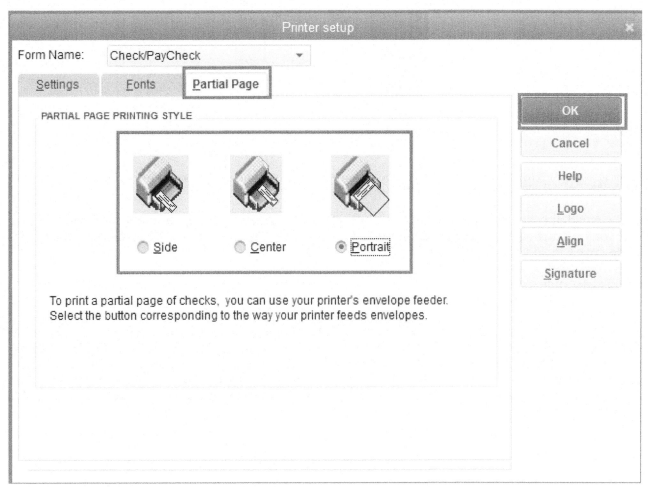

IMPRIMIENDO CHEQUES (CHECK PRINTING)

Ubica tus cheques en la impresora (**Printer**). Si utilizas una impresora láser o de tinta y cheques estándares como tipo billetera (**Wallet**) y la primera página de los cheques contienen menos de tres cheques, ubica esta página en la alimentación manual de la impresora. Selecciona el menú Archivo (**File**) > Imprimir Formas (**Print Forms**) > Cheques (**Checks**) desde la barra de menús para mostrar la ventana Seleccionar Cheques a Imprimir (**Select Checks to Print**).

Por defecto, QuickBooks selecciona todos los cheques no impresos. La primera vez que imprimes cheques, el campo Primer Número de Cheque (**First Check Number**) muestra el número 1. Sustituye este número con el número del primer cheque que tienes la intención de imprimir. Después de que seleccione los cheques a imprimir y establecer el primer número del cheque, haz Click en **OK** para abrir la ventana Imprimir Cheques (**Print Checks**).

llena la caja Número de Cheques en la Primera Página (**Number of Checks on First Page**) en la pestaña Configuración (**Settings**). Si indicas que hay tres cheques en la página, la impresión comienza con los cheques que están en la bandeja de carta estándar.

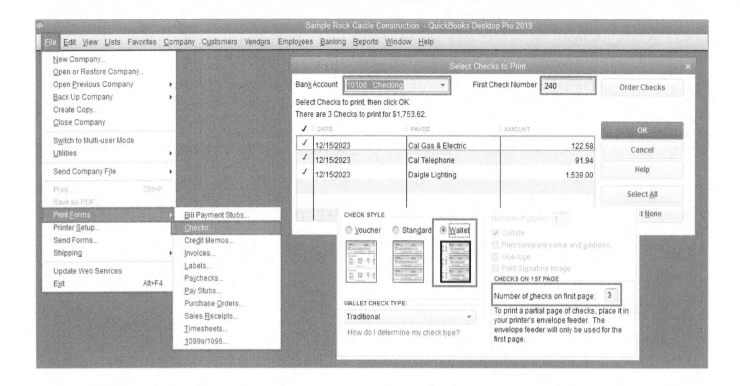

REIMPRIMIENDO DESPUÉS DE UN PROBLEMA

Algunas veces las cosas salen mal cuando tú imprimes. El papel húmedo, te quedas sin tóner, no hay tinta, el rodillo mastica el papel apenas emerge, el papel cae de las bandejas traseras, etc. todas estas clases de cosas malas pueden ocurrir.

QuickBooks te pide confirmar que los cheques se imprimieron correctamente antes de actualizar el archivo de datos de tu compañía con el número de información de cheques.

Si todo imprimió bien, haz Click en **OK.** Si algún inconveniente ocurrió, haz Click en el número del cheque con problemas y haz Click en **OK.** Pon más cheques en la impresora y escoge Archivo (**File**) > Imprimir Formas (**Print Forms**) > Cheques (**Checks**). Tus cheques no impresos aparecen una vez más en la caja de dialogo Seleccionar Cheques a Imprimir (**Select Checks to Print**) y QuickBooks incrementa el primer número de cheque al siguiente número de cheque disponible, Repite el proceso de impresión para imprimir sus cheques.

CREAR / EDITAR / BUSCAR INFORMACIÓN DE UN CHEQUE

Tú puedes Buscar un cheque para modificarlo e incluso crear uno manualmente usando la combinación **CTRL-W** o con la opción Banca (**Banking**) > Escribir Cheque (**Write Check**) del menú principal.

Haciendo Click en esta opción puedes navegar entre los cheques creados manual o automáticamente por Quickbooks. Haciendo Click en el botón Previo (**Previous**) te muestra todos los cheques creados o puedes hacer Click en encontrar (**Find**) para buscar un cheque por el Pagador (**Payee**), Fecha (**Date**), Numero (**No.**), Monto (**Amount**), etc.

Si quieres hacer algún cambio debes ir a la parte que quieres modificar y cuando termines hacer Click en el botón salvar y cerrar (**Save & Close**).

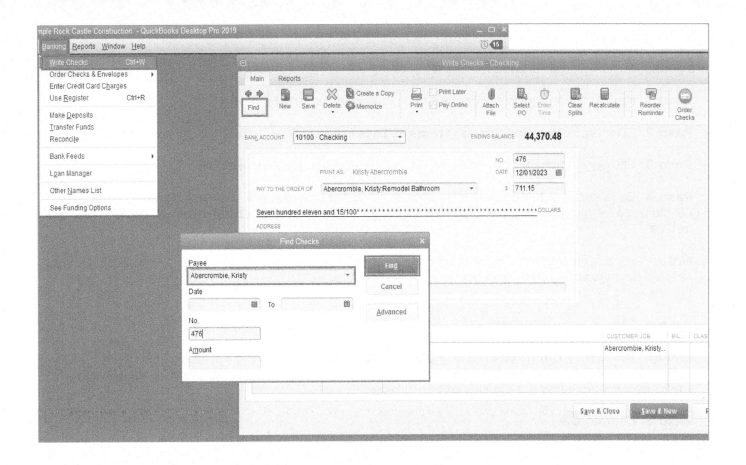

MANEJO DE INVENTARIO (INVENTORY MANAGMENT)

Si tu empresa maneja inventario, Quickbooks puede ayudarte a controlar las existencias de productos a través de la Compras, Recibo ítems, Ventas, Devoluciones, etc.

Hay que tener en cuenta que es bueno manejar el inventario cuando tu compañía maneja productos que son más de uno por tipo o modelo y que continuamente se están comprando y vendiendo. Si vendes productos muy únicos o específicos que no se repiten como antigüedades u objetos de colección y no hay movimiento periódico del mismo producto es recomendable no llevar el inventario para no hacer el manejo del programa más complejo.

Quickbooks valoriza el inventario basado en el costo promedio (**Average Costing**), cuando vendes un ítem el programa te saca un costo promedio basado en lo que tienes en inventario a la mano (**On Hand**) y lo que te costó el ítem cuando fue comprado.

Nota: Si quieres manejar otro tipo de Costo como FIFO, chequea las nuevas versiones de Quickbooks Enterprise.

Antes de proceder con la configuración es bueno aclarar los conceptos manejados por Quickbooks de cantidad a la mano (**Quantity on Hand**) y Cantidad Disponible (**Quantity Available**).

- Cantidad a la Mano (**Quantity on hand**): Es la cantidad de partes o Items que tienes en inventario en un momento dado. Constituye las existencias del producto en tu bodega en un momento dado.

- Cantidad Disponible (**Quantity Available**): Es la cantidad de partes o Items que no tienes comprometidos es decir disponibles para la venta. Por ejemplo, supongamos que del producto 'X' tienes la cantidad de 10 a la mano en tu inventario, pero creaste una orden para un cliente de 3 que aún no ha sido facturada, pero está comprometida, luego tienes disponible para la venta 7, esto es lo que representa Cantidad Disponible (**Quantity Availble**).

CONFIGURAR EL INVENTARIO (INVENTORY SETUP)

Para configurar el inventario sigue los pasos:

- **Paso 1.** Haz Click en el menú Editar (**Edit**) > Preferencias (**Preferences**).

- **Paso 2.** Click en Items e Inventario (**Items & Inventory**)

- **Paso 3.** Click en la ficha Preferencias de Compañía (**Company Preferences**)

- **Paso 4.** En la sección de Compras e Inventario (**Purchase orders & Inventory**) Click en el cuadro de chequeo el inventario y las órdenes de compra están activas (**Inventory & Purchases are active**).

    Nota: Puedes escoger como deseas que Quickbooks maneje la Cantidad Disponible (**When calculating Quantity available for my Inventory deduct**). Esto es para las versiones Quickbooks Enterprise

- **Paso 5.** Si quieres que Quickbooks te muestre un mensaje de advertencia, Haz Click en el cuadro de chequeo Alarma si no hay suficiente cantidad de inventario a la mano para vender (**Warn if no enough inventory quantity on Hand QOH to sell**). Se puede configurar la alarma cuando no hay suficiente cantidad a la mano (**Qty on Hand**) o no hay suficiente cantidad disponible (**Qty Available**) - Esto es para las versiones *Quickbooks Enterprise* -.

- **Paso 6.** Click en **OK**

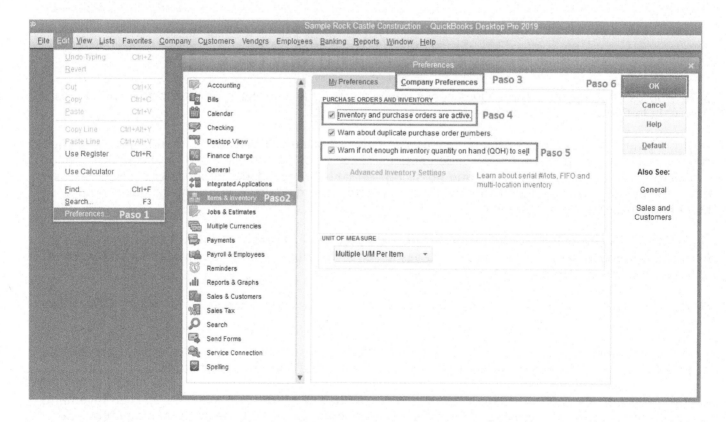

INVENTARIO FISICO (PHYSICAL INVENTORY)

Antes de iniciar con las transacciones del inventario, es necesario hacer un inventario físico de lo que tienes a la mano en cantidades y un costo promedio adecuado de cada Item.

Sigue los siguientes pasos para ver y adicionar los ítems del inventario:

- **Paso 1.** Ir al icono Items & Servicios (**Items & Services**) de la Página Principal (**Home Page**) o al menú **List > Item List**, Podemos ver que esta empresa se dedica a hacer remodelaciones de diferentes aéreas de la construcción, por lo tanto, vende productos y también ofrece servicios.
- **Paso 2.** Haz Click en Item y luego Click en Nuevo (**New**) para adicionar un producto o ítems que vamos a manejar el inventario.

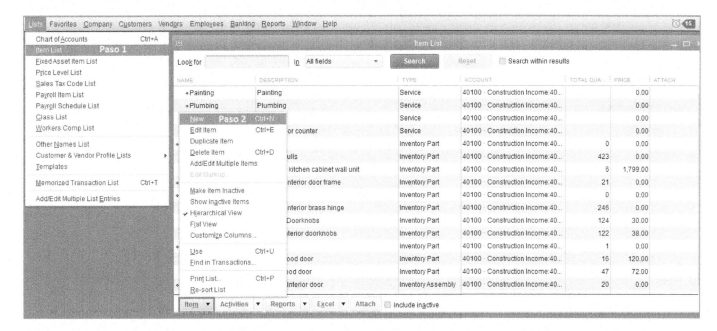

- **Paso 3.** Seleccionamos el tipo de ítem, para nuestro caso va a ser un ítem o Parte de inventario (**Inventory Part**).
- **Paso 4.** Escribe el Nombre del Producto o Código (**Item Name / Number**).

  Nota: Si el producto pertenece a una categoría o es un sub-item de otro producto, podemos hacer Click en la casilla **Sub Item of**

- **Paso 5.** Escribe el Numero de Parte (**Part Number**), si lo deseas es opcional.

  Nota: Puedes elegir una unidad de medida para para múltiples (**U/M Set**), es decir cuando el producto viene por docenas o cajas de 20 unidades, etc. Esto es permitido en versiones Enterprise.

- **Paso 6.** Escribe la descripción de compra (**Description on Purchase Transactions**), como los proveedores (**Vendors**) verán la descripción del producto en una compra.

  Nota: Puedes presionar la tecla TAB y Quickbooks copia la descripción en Descripción en ventas (**Description on Sales Transactions**).

- **Paso 7.** Entra el Costo del Producto (**Cost**), corresponde al valor que pagaste por el ítem, puedes usar un costo aproximado promedio de las últimas compras.
- **Paso 8.** Quickbooks seguirá la pista de lo que tu vendes en la cuenta Costo de Productos Vendidos (**COGS Account**). Habla con tu contador sobre que cuenta usar.
- **Paso 9.** Si generalmente compras este producto con el Proveedor (**Vendor**) haz Click en Proveedor Preferido (**Preferred Vendor**) y selecciónalo de la lista.
- **Paso 10.** Escribe el precio de venta (**Sales Price**). Si el precio varía o usas listas de precios para diferentes clientes, puedes dejarlo en blanco.
- **Paso 11**. Selecciona la Cuenta de Ingresos (**Income Account**).
- **Paso 12.** Selecciona la cuenta de Inventario (**Asset Acount**), que corresponde a la cuenta que valoriza tu inventario a la mano o en existencia.
- **Paso 13.** Escribe la cantidad mínima de inventario para que Quickbooks te avise para reordenar o hacer una compra de este item (**Reorder Point**). Este mensaje lo puedes ver en la lista de recordatorio (**Reminder List**).
- **Paso 14.** Entra la cantidad actual que tienes a la mano del producto (**On Hand**).

  Nota: Quickbooks calcula el valor total del inventario, haz Click en **OK** para salvar los cambios y Click en Siguiente (**Next**) si deseas agregar otro ítem.

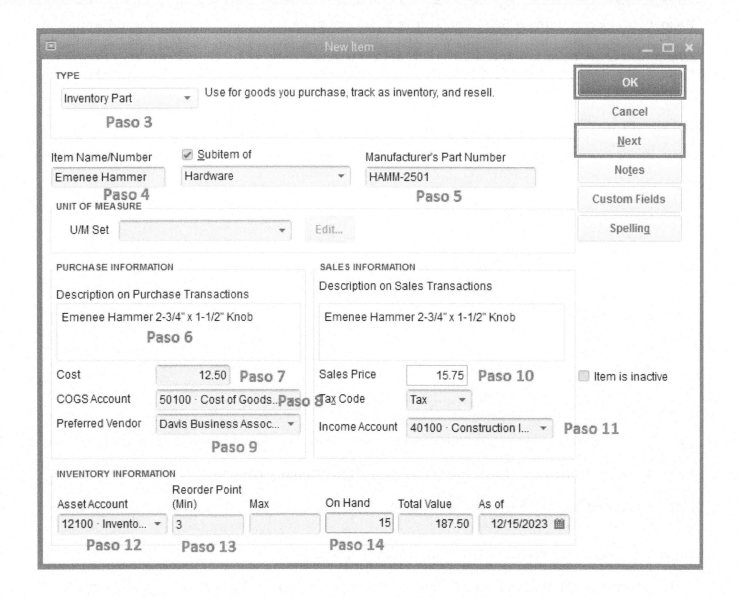

COMPRANDO Y VENDIENDO INVENTARIO (BUYING & SELLING INVENTORY)

En esta parte hablaremos de cómo puedes comprar, recibir y vender un producto o ítem y como afecta el inventario.

Las órdenes de compra (**Purchase Orders**) te pueden ayudar a controlar lo que tus compras y lo que has recibido, sin embargo, algunos Proveedores no requieren órdenes de compra, en estos casos se puede incrementar el inventario al escribir un cheque usando **Write checks form** o a través del pago de una tarjeta de crédito usando **Credit card charges form.**

Vamos a explicar el caso más estándar que es usando órdenes de compra y luego recibiendo los ítems para cargar el inventario. Podemos observar que la página principal (**Home Page**) grafica muy bien el proceso y puedes acceder desde aquí a los diferentes módulos y opciones o usando los menús.

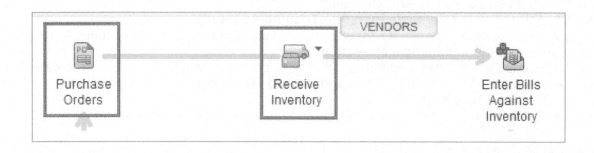

- **Paso 1.** Haz Click en el icono de órdenes de compra (**Purchase Orders**) o usando el Menu Proveedores (**Vendors**) > Crear una Orden de Compra (**Create Purchase Orders**).
- **Paso 2.** Selecciona el Proveedor (**Vendor**).

  Nota: *Puedes usar una Clase (**Class**) para categorizar la Orden, pero es opcional, igual si requieres que la orden sea enviada a un cliente especifico, puedes seleccionar el cliente en la lista enviar a (**Drop Ship To**) esto es opcional, por defecto se envía a la dirección de tu empresa. Quickbooks pone la fecha actual de la orden (**Date**) y el número de orden automático consecutivo (**P.O. NO**.), pero los puedes cambiar si lo requieres.*

- **Paso 3.** Click en la columna **Item** y escribe las primeras letras del producto hasta que muestre el que tú necesitas.
- **Paso 4**. Entra la cantidad a ordenar la columna **Qty.**

  Nota: *Puedes usar la tecla **TAB** para saltar de columna en columna. Quickbooks te pone automáticamente el costo del producto (**Rate**) que fue dado cuando creaste el ítem, lo puedes cambiar si es diferente.*

- **Paso 5.** Continúa entrando ítems hasta que completes la orden.

  Nota: *Si requieres poner una nota o mensaje al proveedor utiliza la casilla **Vendor Message**.*

- **Paso 6.** Haz Click en Guardar y Cerrar (**Save & Close**) o en Guardar y Nuevo (**Save & New**) para introducir otra orden.

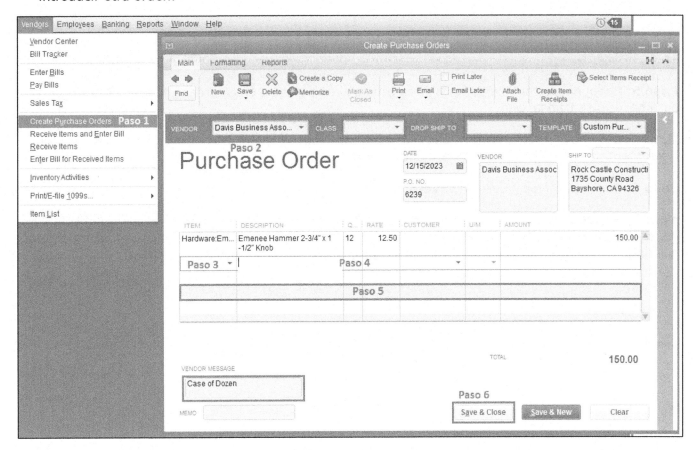

Después de algunos días debes recibir los productos en tu almacén o bodega por lo tanto debes darle la entrada para que tu inventario se actualice. Para hacer esto sigue los pasos:

- **Paso 1.** Haz Click en el icono Recibir inventario (**Receive Inventory**) o usando el menú Proveedores (**Vendors) >** Recibir Items **(Receive Items).**
- **Paso 2.** Te aparecerá en la parte órecha un cuadro de chequeo Recibido con Factura (**Bill Received**), Para nuestro caso vamos a tomar que recibimos los productos, pero todavía no nos han enviado la factura de compra (**Bill**) y están pendientes por pagar, luego lo dejamos sin chequear.
- **Paso 3**. Seleccionamos el proveedor (**Vendor**).

Nota: *En este momento Quickbooks chequea si hay ordenes abiertas con el proveedor, si hay haz Click en Si (**Yes**).*

- **Paso 4.** Selecciona la orden, de la lista de ordenes abiertas (**Open Purchase Orders**), Haz Click en la columna de chequeo que está al lado de la Fecha (**Date**). Y Click en **OK**.

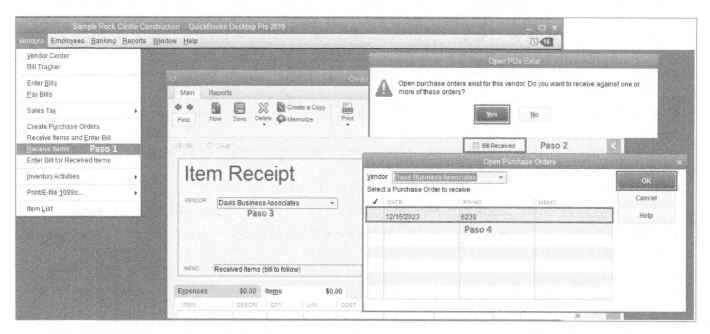

- **Paso 5**. Chequea las cantidades recibidas y ajusta si es el caso o en Guardar y Nuevo (**Save & New**) para hacer otra transacción.

    Nota: *Quickbooks usa la información de la orden para hacer transacción de recibo de ítems (incrementa el inventario y calcula el costo promedio).*

- **Paso 6**. Click en Salvar y Cerrar (**Save & Close**)

    Nota: *Posteriormente cuando recibas la factura de tu proveedor, se puede transformar el documento del recibo de ítems (**Item receipt**) en un bill o cuenta por pagar, en cuyo caso lo hacemos en la opción Entre facturas de compra contra Inventario (**Enter Bills Against Inventory**).*

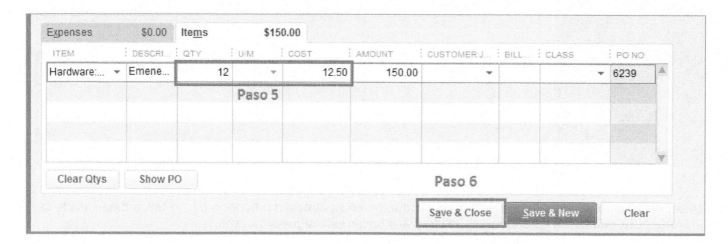

CONSULTANDO EL INVENTARIO DE UN PRODUCTO (CHECK INVENTORY)

Puedes chequear el inventario de tu ítem para comprobar las existencias, en nuestro ejemplo al crear el producto o ítem pusimos un inventario inicial a la mano de 15 y posteriormente compramos 12 más así que debemos tener en el momento 27 unidades del producto Emenee Hammer 2-3/4".

Para ver el inventario actual del producto sigue los pasos:

- **Paso 1.** Haz Click en el menú Lista (**List**) > Lista de Items (**Item List**).
- **Paso 2.** Escribe las primeras letras del producto en la caja de búsqueda (**Look For**).
- **Paso 3.** Haz Click en el botón Buscar (**Search**).

Nota: Puedes observar en la columna Cantidad Total (**Total Quantity**), las existencias actuales del producto o ítem.

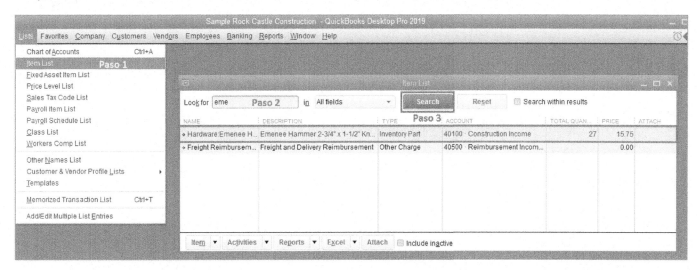

Cuando vendemos productos o ítems, usando facturas de venta (**Invoicing**) o por ventas en efectivo, Quickbooks hace varias cosas:

- Reduce la cantidad a la mano (**Qty on hand**) y te recuerda que debes re-ordenar productos si estas por debajo del punto de re-orden (**Re-order Point**)
- Reduce la cuenta de activos de inventario por el valor del costo de los ítems vendidos.
- Aumenta los ingresos por ventas por el valor de los ítems vendidos.
- Recalcula el costo del inventario.

Para nuestro caso vamos a crear una Factura de venta (**Invoice**) que afectará el inventario. Para esto seguimos los siguientes pasos:

- **Paso 1.** Haz Click en el icono Crear Facturas (**Create Invoices**) o en la opción del menú Clientes (**Customers**) > Crear Facturas **(Create Invoices)**.
- **Paso 2.** Seleccionar el Cliente (**Customer**).
- **Paso 3.** Escribe las primeras letras de tu ítem o producto.
- **Paso 4.** Escribe la cantidad vendida (**Quantity**).

Nota: Ten en cuenta que si escribes una cantidad mayor a la que tienes en inventario, Quickbooks te mostrará un mensaje de advertencia de Cantidad Insuficiente de Inventario a la mano (**You don't have sufficient quantity on Hand ..**). En esta versión quickbooks te deja proceder, es tu responsabilidad corregir a una cantidad menor para evitar que te quede inventarios negativos.

- **Paso 5.** Haz Click en Salvar y Cerrar (**Save & Close**)

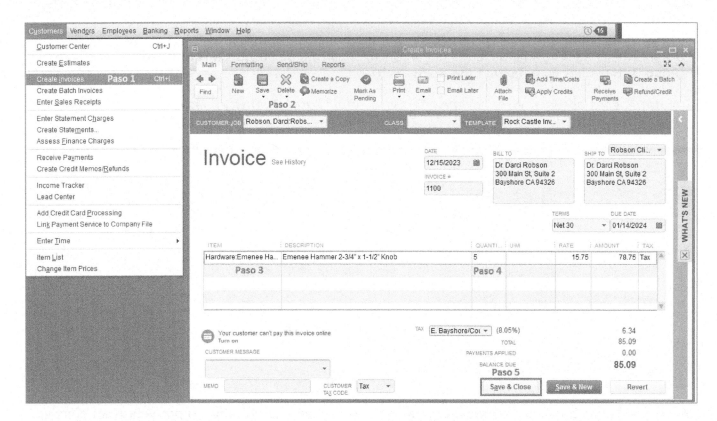

Vuelve a revisar tu inventario, siguiendo los pasos descritos anteriormente en consultar inventario (**Check Inventory**), en nuestro caso hicimos una factura por 5 ítems luego el inventario debe quedar con la cantidad de 22.

REPORTES DE INVENTARIO (INVENTORY REPORTS)

Quickbooks maneja varios reportes o informes para controlar tu inventario, en nuestro caso mostraremos los reportes más comunes.

El resumen de valorización de inventario (**Inventory Valuation Summary**), calcula el valor de tu inventario, sigue los siguientes pasos:

- **Paso 1.** Click en la opción Reportes (**Report**) del menú principal.
- **Paso 2.** Click en inventario (**Inventory**).
- **Paso 3**. Click en Resumen de Valorización de Inventario (**Inventory Valuation Sumary).**

    Nota: por cada Item o Producto el reporte muestra la cantidad a la mano (**Qty on Hand**), el Costo promedio (**Avg Cost**) y el Valor de los Activos o productos en inventario (**Asset Value**), entre otros. Al final Muestra subtotales x Grupos de Productos y Total general. Así puedes darte una idea de cuánto vale tu inventario actual.

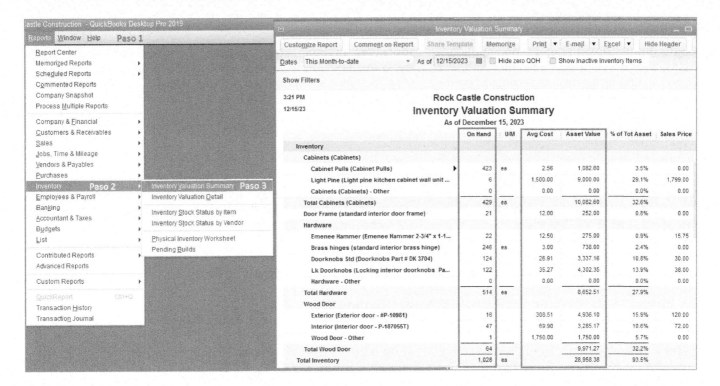

Otro reporte muy útil es reporte del estado de existencias por Item (**Inventory Stock Status by Item**), este reporte puede generarse para todos los ítems o para uno especifico. Si quieres para un ítem en particular debes hacer doble Click en el ítem que estas interesado. El reporte te muestra el Punto de re-orden (**Reorder Pt**) que te dice cuándo es que tienes que ordenar un ítem, también te muestra la cantidad a la mano (**Qty on Hand**), si está por debajo del punto de reorden te pone una marca (**Check Mark**) para que tengas en cuenta. También te muestra la próxima fecha esperada de llegada de productos (**Next Delivery**), así tú puedes determinar si tienes suficiente cantidad hasta la próxima entrega. Tiene una columna denominada Ventas/Semana (**Sales/Week**) que te ayuda a tomar decisiones en cuanto al inventario disponible para la venta. Para generar el reporte hacer:

- **Paso 1.** Click en la opción Reportes (**Report**) del menú principal.
- **Paso 2.** Click en inventario (**Inventory**).
- **Paso 3**. Click en Estado de Inventario por Producto (**Inventory Stock by Item**).

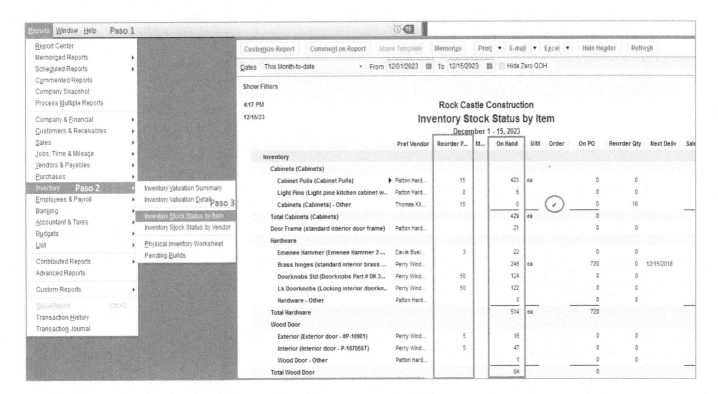

CONFIGURANDO LA NOMINA (SETTING UP YOUR PAYROLL)

Como empleador, tienes responsabilidades específicas que son requeridas por las agencias del gobierno. Estas agencias pueden ser federales, estatales, o locales. Algunas de estas responsabilidades incluyen, (pero no son limitadas) la retención de montos de compensación de tus empleados para cubrir, impuestos (**Income Tax**), seguro social (**Social Security**), seguro de salud (**Medicare**) y otros pagos.

SELECCIONANDO UN SERVICIO DE NOMINA (CHOOSING A PAYROLL SERVICE)

Si utilizas QuickBooks para organizar tus nomina, tienes primero que subscribirte al Servicio de nómina de QuickBooks (**QuickBooks payroll service**). Las opciones flexibles de QuickBooks te aseguran que Obtendrás el servicio de nómina apropiado a tus necesidades contables. QuickBooks también incluye Nomina manual (**Manual Payroll**) que no requiere suscripción. Consulta con un profesional de impuestos (**Profesional Tax Service**) o tu contador (**Accountant**) para determinar todas las necesidades específicas del negocio.

Para información acerca de cómo suscribirse para al servicio de nómina, debes hacer:

- **Paso 1.** Ir al menú de Empleados (**Employees menu**).
- **Paso 2.** Haz Click en la opción Nomina hecha a tu medida (**Payroll done for you**).

Si no estás seguro de que tipo de servicio de nómina es el apropiado para tu negocio, ponte en contacto con uno de los expertos en nóminas de la compañía Intuit al **(844) 324-1356** para que te ayuden a escoger la opción correcta.

CONFIGURANDO NOMINA (SETTING UP PAYROLL)

Al igual que cuando creas un nuevo archivo para la compañía usas una entrevista para la configuración (**Interview Setup**), puedes hacer lo mismo con la configuración de la nómina (**Payroll Setup Interview**). Para iniciar la entrevista haz Click en el menú Empleados (**Employee**) > **Payroll Setup.**

Puedes Hacer Click en cualquiera de las opciones según el ítem que necesites configurar.

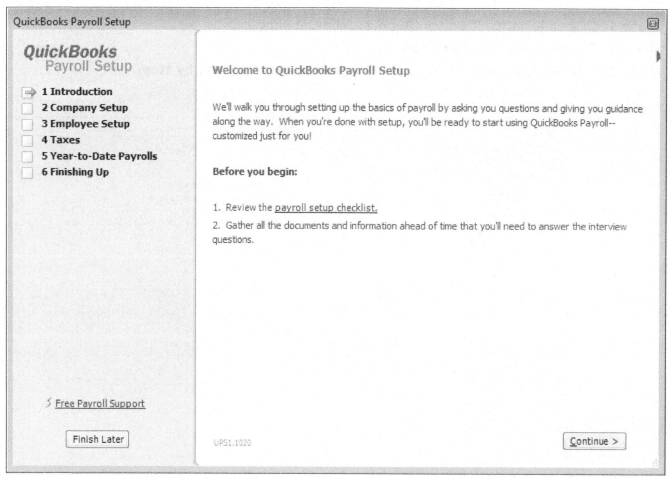

- **Configuración de compañía (Company Setup)**: para entrar la información acerca de los tipos de compensación y beneficios que provees y otras deducciones adicionales.

- **Configuración de empleados (Employee Setup)**: para entrar el pago personal del empleado (Valor/Hora, Salario, Comisiones, etc.), Cuenta bancaria si el pago es por depósito directo, la información de compensaciones y otras deducciones.

- **Impuestos (Taxes):** para entrar los porcentajes de impuestos específicos del empleador y algunos impuestos locales estatales.

- **Desde el actual año a la fecha (Year to Date Payroll)**: Para entrar la historia de la nómina desde el del año en curso a la fecha.

Sugerencia: Si en algún momento necesitas abandonar la página de configuración de nómina antes de haber completado el proceso, simplemente haz Click en el botón de finalizar (**Finish Later Button**). Cuando vuelvas a abrir esta página puedes continuar con el proceso.

LISTA DE CHEQUEO DE CONFIGURACIÓN DE NOMINA (PAYROLL SETUP CHECKLIST)

Información de la compañía	• Frecuencia o frecuencias de pagos (Semanal, cada dos semanas, quincenal, mensual, trimestral) • Fecha en que comenzó o va a empezar a utilizar la nómina en QuickBooks
Compensación, Beneficios, y Adiciones y retenciones Diversos	• Compensación que dan a los empleados y funcionarios: los salarios por hora, sueldos, comisiones, etc. • Beneficios de seguros ofrecidos, tales como la salud, dentales, de visión • Los beneficios de jubilación ofrecidos, tales como **401(K)** • Deducciones adicionales al salario neto que se retienen, como la cuota del sindicato (**Union**), las devoluciones de anticipos o préstamos de los empleados, y seguros de vida. • Agregados a un cheque de pago, tales como bonos y reembolsos de viajes, los avances de los empleados, o préstamos.
Información fiscal	• Estado o Estados para los cuales se someten impuestos sobre nómina. • Número o números de identificación fiscal para declaración de impuestos del empleador. • Impuesto estatal del desempleado (**SUI**) porcentaje(s) para el empleador y / o empleado • Otros tipos de impuestos estatales para su empresa (si aplica) • Los impuestos locales de ingresos que usted retiene o paga en nombre de sus empleados (si aplica). • Si usted califica para el crédito del fondo de desempleo federal (**FUTA**).
Empleados	• Nombres de los empleados, direcciones y números de Seguro Social de las tarjetas de **W-4S** de sus trabajadores. • Retenciones de los empleados también se puede encontrar en el Formulario **W-4** • los salarios de los empleados actuales y salarios, adiciones, deducciones, y la empresa contribuciones • Enfermedad y políticas de tiempo de las vacaciones y las horas acumuladas

Historial al día	• Resúmenes trimestrales y período de pago de la nómina de empleados • desde el comienzo del año actual al inicio del actual trimestre Información de pago desde el inicio del trimestre actual al día de la fecha • **Nota:** Debes ingresar cantidades del año actual hasta la fecha sólo si se inicia con la nómina QuickBooks después de 01 de enero del año corriente.
Información de responsabilidad de pago	• Resúmenes de pago de obligaciones (**Liability**) del principio de este año hasta la fecha de inicio de QuickBooks. • Copias de los cheques de nómina de responsabilidad desde el primer día del actual trimestre hasta hoy.
Información de deposito Directo	• (Opcional) Para cada empleado que desea que le paguen con depósito directo, tú necesitas los números de cuenta bancaria y números de enrutamiento (**Routing Number**). • Tú debes obtener esta información cuando les pidas a tus empleados llenar los formularios de Depósito Directo

CONFIGURANDO EMPLEADOS (SETTING UP EMPLOYEES)

Para procesar cheques y preparar los documentos fiscales para tus empleados, es necesario introducir Información específica sobre cada uno de los empleados en QuickBooks.

Nota: *Si eres es un suscriptor de nómina de QuickBooks, se te pedirá que ingreses toda la información de nómina de los empleados durante la configuración. Utiliza el siguiente procedimiento*

Para editar información de los empleados o para agregar más empleados en una fecha posterior:

- **Paso 1.** Haz Click en el menú empleados (**Employees**) > Centro de Empleados (**Employee Center**).
- **Paso 2.** Haz Click en Nuevo empleado (**New Employee**).
- **Paso 3.** En la ficha Personal (**Personal**), llena el formulario.
- **Paso 4.** Haz Click en la ficha Dirección y Contacto (**Address and Contact**), llena el formulario y presiona **OK**.
- **Paso 5.** Cuando se te pida configurar la información de nómina del empleado haz Click en Dejarla como esta (**Leave as is**).

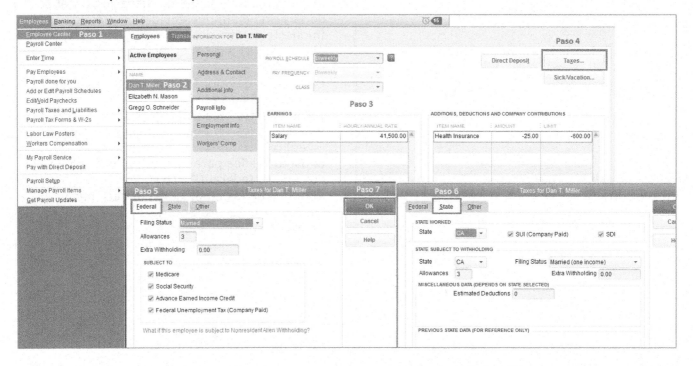

CONFIGURAR LA INFORMACIÓN DE LA NÓMINA EMPLEADO

- **Paso 1.** Haz Click en el menú empleados (**Employees**) > Centro de Empleados (**Employee Center**).
- **Paso 2.** Haz Click en la ficha Empleado (**Employee**) y luego haz doble Click el nombre del empleado.
- **Paso 3.** Completa la forma de Información de Nomina (**Payroll Info**).
- **Paso 4.** Haz Click en el botón Impuestos (**Taxes**)
- **Paso 5**. Haz Click en la ficha Federal (**Federal**) y llena el formulario, basados en la información del empleado de la forma **W-4.**
- **Paso 6.** Haz Click en la ficha Estado (**State**) y llena el formulario.
- **Paso 7.** Click **OK**.

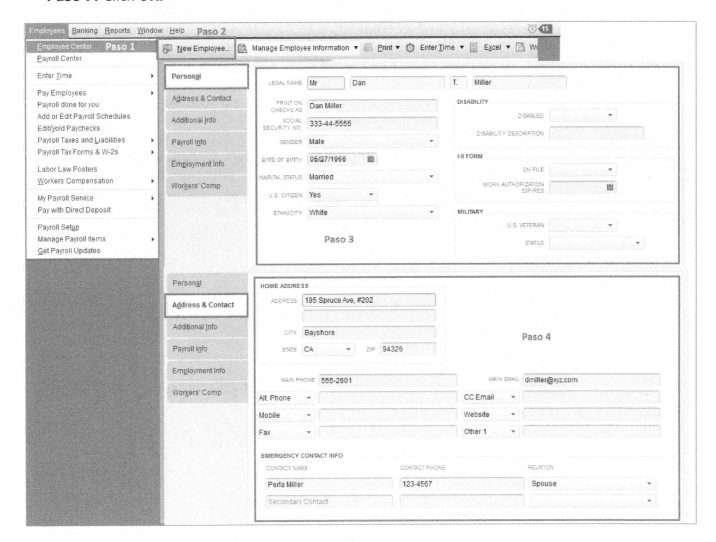

Finalmente se tiene que llenar la ficha de Empleo (**Employment)** donde se escribe la Fecha de Inicio con la empresa (**Hire Date**), Titulo del Cargo (**Title**), Departamento o Area (**Department**), Si es a Tiempo completo o Medio Tempo (**Full / Part Time**), entre otros.

PAGANDO EMPLEADOS (PAYING EMPLOYEES)

Pagar a los empleados es una gran responsabilidad. Tienes que hacer un seguimiento de las horas, los Sueldos y salarios, Seguridad Social números y personas dependientes, los tipos impositivos y las formas, vacaciones y tiempo de enfermedad, primas y anticipos, así como pagos a planes de pensiones públicos y privados. QuickBooks dispone de varias funciones y servicios para ayudar a manejar su propia nómina de forma rápida y sencilla.

Nota: *Para obtener información acerca de sus opciones de nómina en QuickBooks, ve al menú Empleados (**Employees**), haz Click en Nomina Para ti (**Payroll done for you**).*

Para imprimir cheques de pago, haz los siguientes pasos:

- **Paso 1.** Ir al menú Empleados (**Employees**) > Pagar Empleados (**Pay Employees**), y especifica si deseas pagar a los empleados usando nómina no programada (**Unsheduled Payroll**), generalmente utilizado para pagar bonos y cheques fuera de ciclo o usar nomina programada periódicamente (**Scheduled Payroll**).
- **Paso 2.** Actualiza el Período de Pago Final (**Pay Period End**) y la fecha del cheque (**Check Date**) según sea necesario.
- **Paso 3.** Haz Click en la lista desplegable de la Cuenta Bancaria (**Bank Account**) y escoge la cuenta que QuickBooks utilizará para registrar esta transacción.
- **Paso 4.** Selecciona los empleados que deseas pagar y haciendo Click en la columna de la izquierda de los nombres de empleados y haz Click en Continuar **(Continue)**

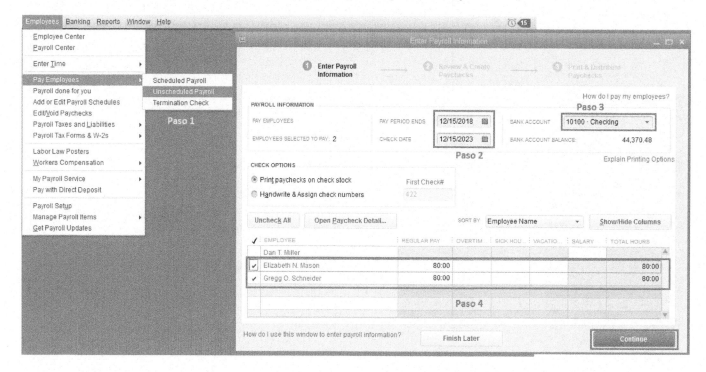

- **Paso 5.** Revisa la información de cheque de pago en la ventana **Review and Create Paychecks**.
- **Paso 6.** Para ver o modificar un cheque de pago, haz Click en el nombre del empleado para abrir la ventana de previsualización cheque de pago (**Preview Paycheck**). Haz los cambios necesarios y haz Click en Guardar & Cerrar (**Save & Close**).
- **Paso 7**. En la sección Opciones de cheque de pago (**Paycheck Options**), haz Click si los cheques de pago deben ser impresos o escritos a mano (**Print Paychecks or HandWrite).**
- **Paso 8**. Haz Click en Crear cheques de pago (**Create Paychecks).**
- **Paso 9.** En la ventana de Confirmación y próximos pasos (**Confirmation and Next Steps**), haz Click en Imprimir cheques de pago (**Print Paychecks**). Haz Click en Enviar Nómina a (**Send Payroll to Intuit**) si tu deseas enviar la nómina a Intuit para su procesamiento.

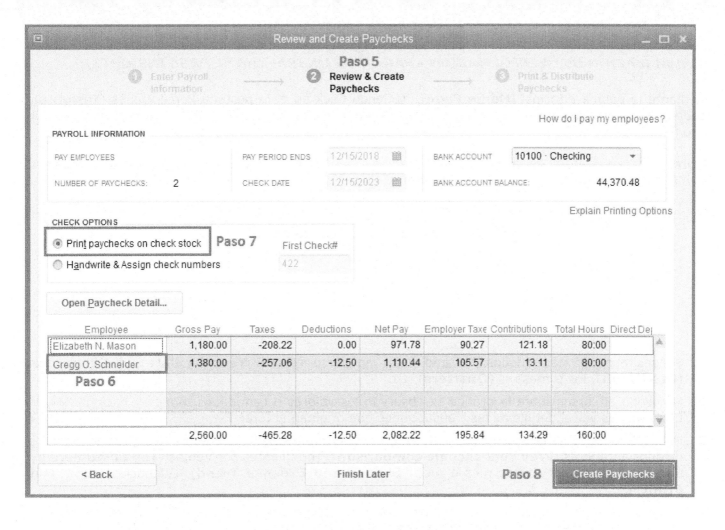
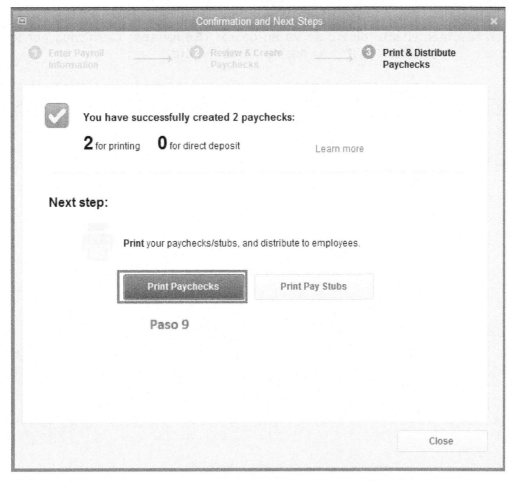

VER COMO ESTA SU NEGOCIO (SEE HOW YOUR BUSINESS IS DOING)

VISUALIZACION DE LA INFORMACION - PAGINA PRINCIPAL (HOME PAGE INSIGHTS)

Mediante la página principal (**Home Page**), haciendo Click en el la pestaña Percepciones (**Insights**), podemos observar de manera visual como es el desempeño de la empresa durante el presente o anterior año fiscal.

Nota: *Si no te aparece de inicio la página principal del QuickBooks, puedes usar la opción del menú Compañía (**Company**) > Pagina Principal (**Home Page**).*

1. Puedes escoger los periodos del año fiscal en curso (**Fiscal Year to Date**), el último mes (**LastMonth**), los trimestres (**Quarters**), etc.
2. Moviendo el cursor sobre la gráfica se observan los valores o cantidades totales y haciendo doble Click puedes ver el detalle de las transacciones que originan el total.
3. Haciendo Click sobre las Flechas, puedes observar más información visual sobre Resumen de Ingresos de años anteriores (**Prev Year Income comparison**), Top Clientes por Ventas (**Top Customers by Sales**), Ingresos vs Gastos mes a mes (**Income and Expense Trend**), Guanacias Netas (**Net Profit**) etc.
4. En la parte Inferior puedes ver el resumen de facturas de clientes sin pagar (**Unpaid Invoices**), vencidas (**Overdue**) y pagadas (**Paid Invoices**). Haciendo Click sobre la gráfica puedes ver el detalle.
5. Puedes ver en resumen cuánto dinero se va en gastos (**Expenses**) clasificado por los principales rubros como nomina, compras, gastos de oficina o trabajo, etc.

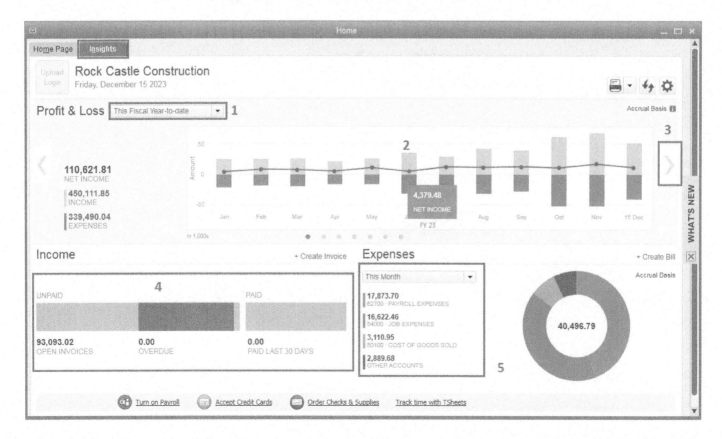

USANDO EL CENTRO DE REPORTES (USING REPORTS CENTER)

Toda la información de Quickbooks puede ser encontrada, organizada y presentada mediante un reporte. Quickbooks suministra más de 100 reportes, y la opción de Centro de Reportes te hace más fácil el acceder a cualquier reporte. Para usar esta Opción haz Click en el Menu Reportes (**Reports**) > Centro de Reportes (**Report Center**).

1. Puedes escoger por tipo de reporte como Financiero (**Financial**), Ventas (**Sales**), Proveedores y Cuentas x Pagar (**Vendors & Payables**), Compras (**Purchases**), Inventario (**Inventory**), Empleados y Nomina (**Employees & Payroll**), Bancos (**Banks**) entre otros.
2. Puedes ver reportes Memorizados (**Memorized**) y Favoritos (**Favorites**) así como también reportes generados o personalizados por otros usuarios (**Contributed**).
3. En la parte inferior puedes usar los Iconos para Ejecutar los reportes (**Run**), Ver la descripción del reporte, marcar el reporte como favorito y ver una descripción más detallada de lo que trata el reporte.

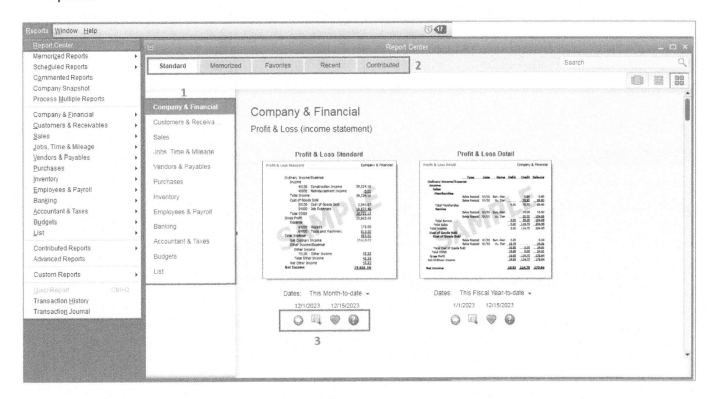

UNA FOTOGRAFIA DE LA COMPANHIA (COMPANY SNAPSHOT).

Usando la opción de Fotografía de la Empresa (**Company Snapshot**), tú puedes tener en tiempo real los principales indicadores de la compañía en un solo lugar. Para acceder ir al menú Compañia (**Company**) > Fotografía de la Empresa (**Company Snapshot**).

1. Puedes ver mes a mes entre tus ingresos y egresos (**Income and Expense Trend**).
2. Muestra los montos totales que te debe cada Cliente (**Customers Who Own Money**).
3. Te muestra los saldos de las cuentas (**Account Balances**) como: Todos los Bancos (Banks), Cuentas x Cobrar (**Account Receivable**), Cuentas Por Pagar (**Account Payable**), Tarjetas de Crédito (**Credit Cards**), Activos (**Assets**), Obligaciones (**Liability**), Capital (**Equity**), etc.
4. Muestra los 5 mejores Clientes basados en ventas (**Top 5 Customers by Sales**) en un periodo de tiempo.
5. Muestra una gráfica que resume los gastos del actual año, comparado con los años anteriores (**Prev Year Expense Comparison**). Puede ser por Semanas, Meses, Años etc.

Finalmente, esta opción tiene 2 pestañas o fichas adicionales, que muestran visualmente y con Información lo correspondiente a pagos recibidos o pendientes (**Payments**) y otra ficha de Clientes (**Customer**) que resume las Recientes Facturas, Recientes Pagos, Historial de Ventas, etc. en detalle por cada Cliente.

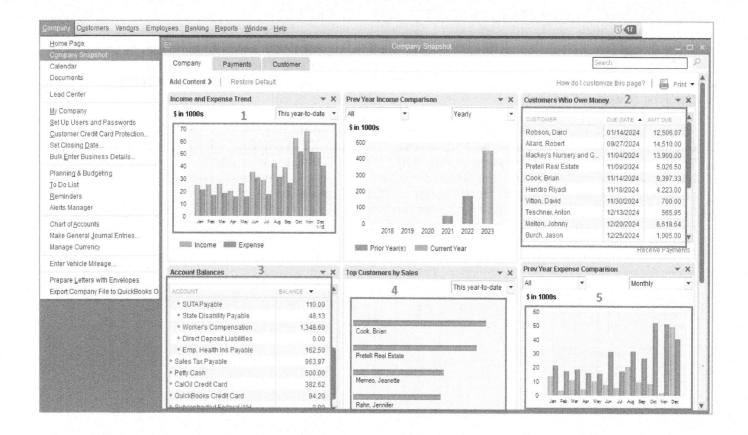

REPORTE DE GANACIAS Y PERDIDAS (PROFIT AND LOSS).

Este reporte resume los Ingresos (**Income**) y los gastos (**Expenses**) para un periodo especifico. Así tú puedes saber si estas operando con Ganancias o Pérdidas. Para abrir el reporte Haz Click en la opción del Menu Reportes (**Reports**) > Compañía y Finanzas (**Company & Financial**) > Ganancias y Pérdidas Estándar (**Profit & Loss Standard**).

1. Tú puedes personalizar este reporte mediante la Opción Personalizar Reporte (**Customize Report**), aquí puedes adicionar sub-Columnas, Ordenar la información (**Sorting**), Definir nuevos rangos de periodo, cambiar los encabezados y pie de página (**Header & Footer**), Elegir otros tipos de letra (**Fonts**) entre otras cosas más.
2. Si tu haz personalizado el reporte y lo deseas memorizarlo para usarlo posteriormente haz Click en la opción Memorizar (**Memorize**).
3. Si deseas exportarlo a Excel para un mejor análisis haz Click en el botón **Excel**, aquí puedes exportarlo en un nuevo archivo Excel (**WorkBook**) o actualizar una ya existente.
4. Si la hay otros usuarios actualizando ingresos o gastos, debes usar el botón Refrescar (**Refresh**) para mostrar los últimos totales actualizados.
5. El reporte muestra totales por cada cuenta de Ingreso o Gasto de la Tabla de Cuentas (**Chart Account**), haciendo doble Click en cada subtotal tú puedes ver el detalle de las transacciones que originaron el monto.
6. Al final tú puedes ver el total del ingreso neto (**Net Income**), el cual debería ser positivo si tu empresa tiene ganancias en ese periodo. De lo contrario serian perdidas.

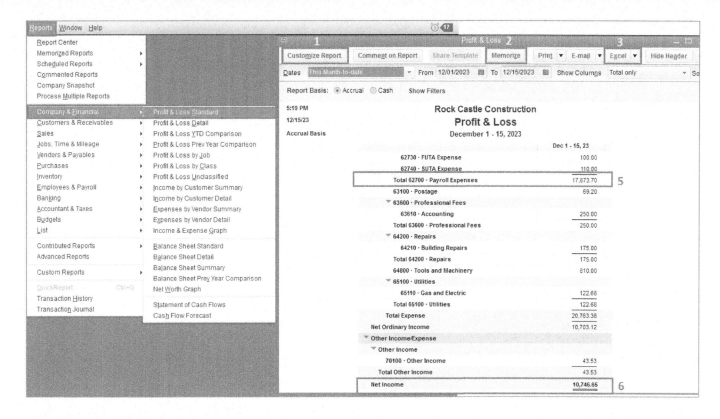

HOJA DE BALANCE (BALANCE SHEET)

Un reporte de Hoja de Balance te muestra el estado financiero de tu empresa en un periodo determinado. El reporte calcula cuánto vale tu negocio al que llamaremos Capital (**Equity**), restando todo el dinero que la empresa debe (**Liabilities**) de todo lo que se posee en Activos (**Assets**).

Assets – Liability = Equity

Para acceder a este reporte haz Click en la opción: Reportes (**Reports**) > Compañía y Finanzas (**Company & Financial**) > Hoja de Balance Estándar (**Balance Sheet Standard**).

1. Los Activos (**Assets**) representan todo lo que la compañía posee: Inventario, Inversiones, Propiedades, Equipos, Dinero en efectivo, también incluye dinero que te adeudan, entre otras cosas.
2. Las Obligaciones o Responsabilidades (**Liability**) son todo lo que la empresa debe durante el transcurso de las operaciones del negocio estas incluyen: Prestamos, Cuentas x Pagar, Hipotecas, Gastos acumulados, etc.
3. El capital (**Equity**) es el valor neto de la compañía o negocio.
4. El reporte puede ser personalizado mediante la opción Personalizar (**Customize Report**).
5. Pueden establecerse comentarios de clarificación sobre cata ítem del reporte, haciendo Click en la opción Comentarios del Reporte (**Comment on Report**). Esto puede ser útil para que posteriormente se analice con el director o el contador de la empresa.
6. Se puede memorizar o guardar usando la opción Memorizar (**Memorize**). Dado el caso que se hayan hecho personalizaciones.
7. Si necesitas enviarlo por correo electrónico o guardarlo en formato PDF, haz Click en el botón **E-Mail**.
8. Se puede exportar a una hoja de Excel mediante la opción **Excel**.

Nota: Al mover el cursor sobre los sub-Totales aparece una pequeña lupa, haciendo doble Click, se puede ver el detalle de todas las transacciones que son la fuente de información para generar el sub-Total.

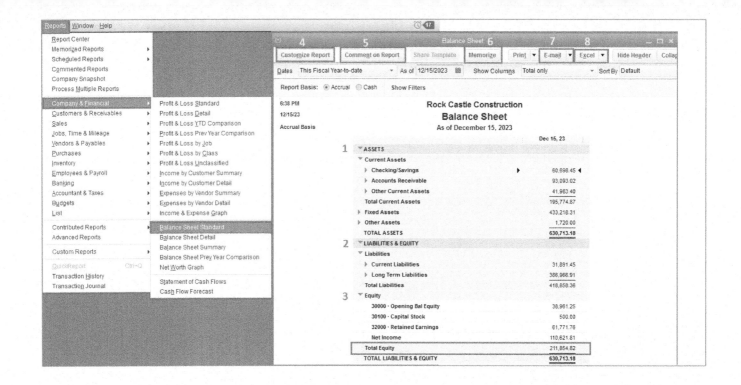

COPIAS DE SEGURIDAD Y RESTAURACIÓN DE ARCHIVOS
(BACKUP AND RESTORE FILES)

Cuando QuickBooks desarrolla una copia de seguridad, el empaqueta los archivos de la compañía y todos los archivos auxiliares en un solo archivo de respaldo comprimido. Por defecto, QuickBooks nombra tu archivo de respaldo utilizando el nombre del archivo de datos de tu compañía, la fecha y la hora, todos los archivos de respaldo tienen una extensión **.QBB** QuickBooks verifica los datos antes de realizar el respaldo. QuickBooks no incluye archivos no conectados a la red tales como Diseñador de Estados Financieros, Cartas y Plantillas, Manejador de Préstamos y otros archivos relacionados con QuickBooks en el respaldo (**Backup**). Para incluir los archivos no conectados a la red se sugiere realizar la copia de respaldo de QuickBooks en el computador donde se encuentran dichos archivos.

Realizar la Copia de seguridad de QuickBooks es una tarea sumamente importante y debe ser hecha sobre una base diaria. Utilizar el procedimiento de copia de seguridad de QuickBooks permite hacer copias de seguridad de los archivos de tu empresa en una forma rápida y fácil. Los usuarios se preguntan, por qué hacer una copia de seguridad diaria?, Normalmente la respuesta a esta pregunta se contesta cuando se plantean las siguientes preguntas:

- ¿Cuál es el costo de los datos de mi lista de clientes y el historial de compras y ventas?
- ¿Cuánto cuesta reconstruir mis finanzas para realizar mi declaración de impuestos si pierdo mi archivo de QuickBooks?

Cuando piensas en todo el esfuerzo que se realizó al registrar los datos precisos en QuickBooks, es difícil encontrar una causa que justifique el riesgo de perder los datos en un disco duro que se dañó, una oficina que se incendia, o un robo. Por lo anterior se insiste en realizar una copia de seguridad diaria.

REALIZAR UNA COPIA DE SEGURIDAD (BACKUP)

Para crear un backup de la compañía actual, se pueden usar 2 opciones en Quickbooks, Crear Copia (**Create Copy**) o Crear Backup (**Create Backup**). La opción crear copia te da más posibilidades.

- **Backup Copy:** Crea una copia completa de la compañía en caso de perder todos tus datos.
- **Portable Company File:** Crea una copia compacta de tu compañía en caso de que quieras enviarla vía email o temporalmente moverla a otro computador.
- **Accountant's Copy:** Crea una copia compacta del archivo de la compañía. Tu contador la puede usar para hacer ajustes y luego tú puedes importar los cambios luego.

Sigue los pasos:

- **Paso 1.** Selecciona Archivo (**File**) > Crear Copia (**Create Copy**) para iniciar el asistente de copia de seguridad (**Backup Wizard**).
- **Paso 2.** Selecciona **Backup Copy** y hacer cick en **Next**
- **Paso 3.** Selecciona Copia Local (**Local Backup**) y Click en **Next**.

   *Nota: En esta pantalla, puedes seleccionar entre realizar una copia de seguridad local o utilizar el servicio de suscripción de Copia de Seguridad En Línea (**Online Backup**) de QuickBooks.*

- **Paso 4.** Ahora Se muestra la ventana Opciones de Copia de seguridad (**Backup Options**), para seleccionar el lugar o Folder donde debes hacer la copia de seguridad y Click en Próximo (**Next**).

- **Paso 5.** Escoje Guarde Ya (**Save Now**) and Click en Próximo (**Next**).

- **Paso 6.** Click en Guardar (**Save**).

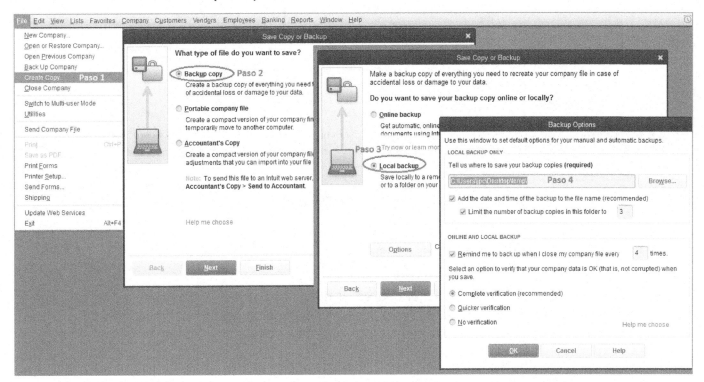

CONFIGURAR OPCIONES DE COPIA DE SEGURIDAD (SETTING BACKUP OPTIONS)

Selecciona una ubicación predeterminada para poner la copia de seguridad, estas ubicaciones para guardar la copia de seguridad serán tratadas más adelante, por defecto, QuickBooks adiciona la fecha y la hora al nombre de archivo de la copia de seguridad de modo que puedes determinar fácilmente cuando se creó cada copia de seguridad. También por defecto, QuickBooks limita el número de copias de seguridad (**Backup**s) a tres por carpeta (**Folder**).

Si deseas que QuickBooks te recuerde realizar la copia de seguridad manual, haz Click para marcar la caja de chequeo (**Check box**) Recordarme Para Realizar Copia de Seguridad Cuando Cierre mi Archivo de Compañía cada X número de veces (**Remind me to Back Up When I Close my Company File Every X Times**). Si abres y cierras el archivo de QuickBooks numerosas veces durante el día, tu veraz el recordatorio al menos una vez cada día.

De forma predeterminada, durante el proceso de copia de seguridad, QuickBooks comprueba la estructura de tu archivo de datos de la empresa, ayudando a asegurar que tu copia de seguridad es válida en caso de que desees restaurarlo. La verificación de la estructura de datos no debería añadir tiempo de forma considerablemente. Además, es realmente importante verificar que la copia de seguridad esta correcta. La Copia de Seguridad no le va ayudar si los datos que tu guardaste no son válidos.

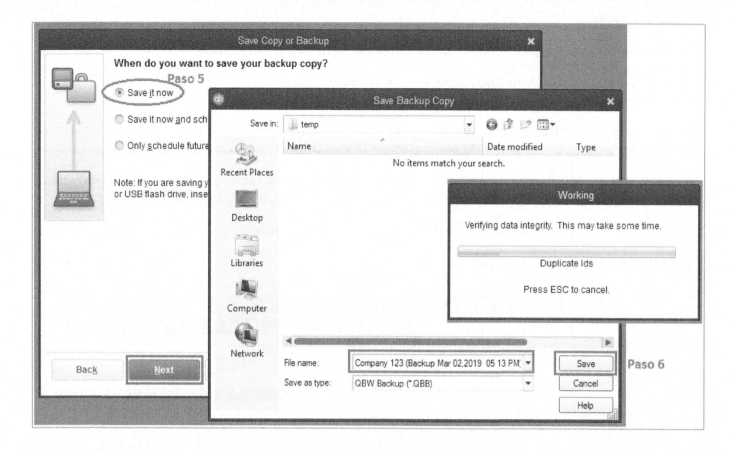

ESCOGIENDO UNA UBICACIÓN (CHOOSING A LOCATION)

Tú puedes realizar la copia de seguridad en una unidad externa (**Drive**), tal como una unidad de CD o DVD, una unidad Flash (**USB**), y en una unidad de Red (**Network Map Drive**) o a una carpeta compartida en otro computador en la red. Habla con el administrador de la red para la configuración.

Es recomendable no realizar copias de seguridad en el disco duro local. Si bien parece una solución simple, tus copias de seguridad (**Backups**) no te ayudarán si tu disco duro local falla, porque puedes perder tanto los archivos QuickBooks y los archivos de copias de seguridad.

Nota: *Es posible y recomendable hacer una copia de seguridad en la nube, simplemente localizando el camino del tu Google Drive o Drop Box. En general el archivo de backup generado por QuickBooks son de tamaño Pequeño no mayor de 300MB.*

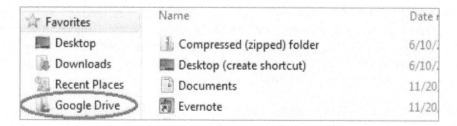

Periódicamente, una vez a la semana es lo más recomendable, pero por lo menos una vez al mes es esencial realizar una segunda copia de seguridad en otro disco y almacenarlo fuera de la oficina. O una copia en la Nube (**Cloud**) usando servicios como Google Drive, Drop Box, etc.

COPIAS DE SEGURIDAD AUTOMATICAS (AUTOMATIC BACKUPS)

QuickBooks te permite programar dos tipos de copias de seguridad automáticas:

- Una copia de seguridad automática cuando cierres el archivo de la compañía.
- Una copia de seguridad programada en el momento que tú especifiques.

Para configurar una copia de seguridad automática, sigue los siguientes pasos:

- **Paso 1.** Escoge Archivo (**File**) > Crear Copia de Seguridad (**Create Copy Or Backup**).
- **Paso 2.** En la primera pantalla del asistente, haz Click en Copia de Seguridad (**Backup Copy**) y haz Click en Siguiente (**Next**).
- **Paso 3.** En la segunda pantalla del asistente, haz Click en Copia de Seguridad Local (**Local Backup**) y haz Click en Siguiente (**Next**).
- **Paso 4.** En la tercera pantalla del asistente, haz Click en Solamente Programar Futuras Copias de Seguridad (**Only Schedule Future Backups**) y haz Click en Siguiente (**Next**). La Figura mostrada a continuación aparecerá.
- **Paso 5.** Sigue las instrucciones dadas en las siguientes dos secciones para completar esta pantalla, entonces haz Click en Finalizar (**Finish**).

COPIAS DE SEGURIDAD AUTOMÁTICAS CUANDO SE CIERRAN LOS ARCHIVOS (AUTOMATED BACKUP WHEN CLOSING FILES)

En la sección Copias de Seguridad Automática, tú puedes seleccionar la casilla de verificación Realizar Copia de Seguridad Automáticamente Cuando Cierre mi Archivo de Compañía cada X número de veces (**Save Backup Copy Automatically up When I Close my Company File Every X Times**), para crear copias de seguridad automáticas, basadas en la frecuencia con la cual cierras tu compañía, bien sea por salir y cerrar QuickBooks o al abrir una empresa diferente en QuickBooks. Haz Click en el botón Opciones (**Options**) para asignar las opciones para esta copia de seguridad; las opciones que tu asignas aquí son las mismas que fueron tratadas con anterioridad en esta sección en la parte de: Asignar Opciones a la Copia de Seguridad (**Set Backup Options**).

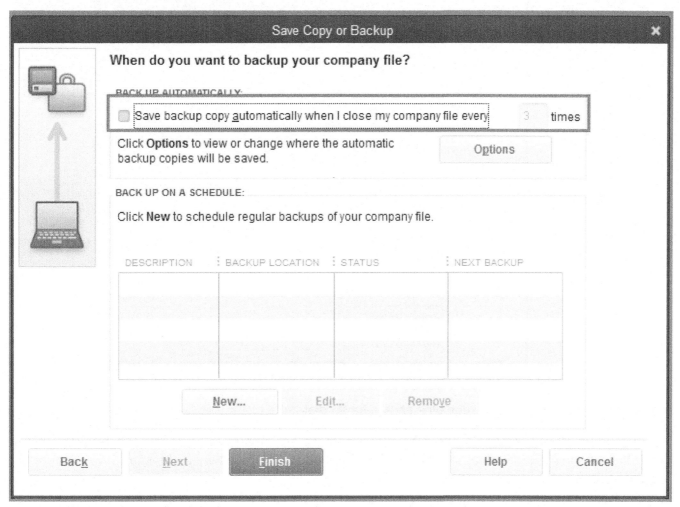

COPIAS DE SEGURIDAD AUTOMÁTICAS DESATENDIDAS (AUTOMATIC UNATTENDED BACKUPS)

También puedes configurar QuickBooks para realizar una copia de seguridad de archivos en tu empresa en cualquier momento, incluso si no estás trabajando en la computadora. Toma ventaja de esta característica dejando funcionando el computador cuando salgas de la oficina. Antes de salir, asegúrese que QuickBooks está cerrado para que todos los archivos estén disponibles para hacer copias de seguridad. Los archivos abiertos son saltados o ignorados durante la copia de seguridad.

Cuando configuras copias de seguridad desantendidas, QuickBooks utiliza la herramienta de Windows Tareas Programadas (**Task Scheduler**) para crear una tarea oculta que realice la copia de seguridad de tus datos de QuickBooks. Para configurar una copia de seguridad desatendida, haz Click en el botón Nuevo (**New**) en la pantalla del asistente para abrir la caja de dialogo Programar Copias de Seguridad (**Schedule Backup**) ver la figura a continuación.

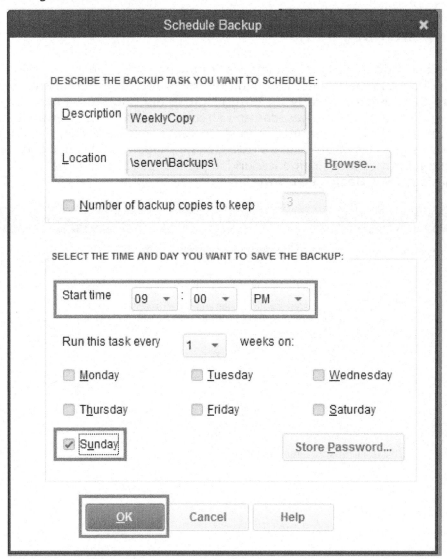

Las siguientes opciones están disponibles en la caja de dialogo:

- **Descripción** (**Description**) A pesar de que el nombre descriptivo es opcional, el suministro de un nombre es una buena idea si vas a crear múltiples configuraciones de copias de seguridad desatendidas.

- **Ubicación (Location)** Puedes almacenar el archivo de copia de seguridad en un disco duro externo, unidad flash USB, etc. Si deseas realizar la copia de seguridad a una unidad de red, utilice la ruta UNC (**\\servidor\recurso Compartido**) o una unidad asignada (**map drive**).

- **Número de Copias de Seguridad a Mantener (Number of Backup Copies to Keep)** Utiliza esta opción para evitar superponer el ultimo archivo de la copia de seguridad. QuickBooks guarda tantos archivos de copia de seguridad como tú especifiques, cada vez reemplazando el archivo más antiguo (o el primer archivo) por la copia más reciente y copiando los archivos más viejos al siguiente número más alto en los nombres de archivos, los cuales siempre comienzan con **SBU_0. SBU** significa "**S**cheduled **B**ack **U**p" Copia de Seguridad Programada.

- Seleccione la Hora y el Dia que usted desea Realizar la Copia de Seguridad (**Select The Time And Day You Want To Save The Back Up**) Crea una programación para esta copia de seguridad al seleccionar la hora y la frecuencia. Al hacer clic en **OK,** QuickBooks muestra la caja de dialogo Establecer Contraseña (**Set Password**). La contraseña en cuestión no es la misma contraseña que utiliza para el usuario (**User Name**) de QuickBooks, es el usuario (**User Name**) y contraseña (**Password**) de Windows. Cuando hayas finalizado de configurar las opciones para su copia de seguridad programada, haz clic en **OK.**

RESTAURANDO UNA COPIA DE SEGURIDAD (RESTORING A BACKUP)

Llega el momento en que sea necesario restaurar las copias de seguridad que haz venido haciendo de manera diligente. Tal vez el disco duro ha fallado, o deseas actualizar a un nuevo equipo. O quizás descubriste daños en los datos y quieres retroceder a un archivo de empresa con datos válidos. Cualquiera que sea la razón, la restauración de una copia de QuickBooks es rápida y fácil.

A continuación, se explica cómo restaurar un archivo de copia de seguridad:

- **Paso 1.** Si la copia de seguridad está en medios extraíbles, coloque el disco que contiene su última copia de seguridad en su unidad. Si la copia de seguridad está en un recurso compartido de red, asegúrese de que el computador remoto esté funcionando.
- **Paso 2.** Selecciona Archivo (**File**) > Abrir o restablecer la Compañia (**Open Or Restore Company**) de la barra de menús de QuickBooks.
- **Paso 3.** En la pantalla que aparece, selecciona Restaurar una copia de seguridad (**Local Backup**) y haz Click en Siguiente (**Next**).
- **Paso 4.** En la nueva pantalla que aparece, elija Restaurar Copia de Seguridad Local (**Restore A Backup Copy**) y haz Click en Siguiente (**Next**). QuickBooks muestra el cuadro de diálogo Abrir Copia (**Open Backup or Copy**). El cuadro de Buscar en (**Look In**) muestra la ubicación de copia de seguridad que tu originalmente seleccionaste cuando se configuro sus opciones de copia de seguridad, puedes cambiar al lugar donde tienes la copia como USB, Google Drive, etc.
- **Paso 5.** Selecciona el archivo de copia de seguridad para restaurar y haz Click en Abrir (**Open**). La siguiente pantalla del asistente te indica que necesitas seleccionar la ubicación donde deseas restaurar el archivo.
- **Paso 6**. QuickBooks te muestra la caja de dialogo donde quieres restaurar el archivo (**Where do you want Restore the File**) y Click en Siguiente (**Next**).
- **Paso 7**. Selecciona el folder en la cual vas a ubicar la compañía que quieres restaurar, o selecciona la carpeta que regularmente contiene su archivo de compañía QuickBooks y entonces cambia el nombre de archivo.
- **Paso 8.** Haz Click en Guardar (**Save**). Si utilizas el nombre original del archivo de copia de seguridad y seleccionas la ubicación donde QuickBooks almacena el archivo de la empresa, QuickBooks muestra una advertencia de que vas a sobrescribir el archivo existente.
- **Paso 9.** Haz Click en Si (**Yes**), porque quieres sustituir el archivo actual de tu empresa con un archivo de copia de seguridad. QuickBooks te pide que confirme que deseas sustituir el archivo. Escriba Si (**Yes**) y haz Click en **OK**. Quickbooks restaura el archivo. QuickBooks muestra un mensaje indicando que tus archivos de datos se han restaurado con éxito.

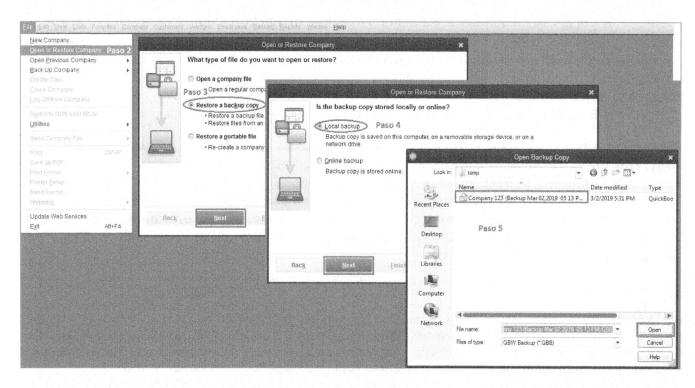
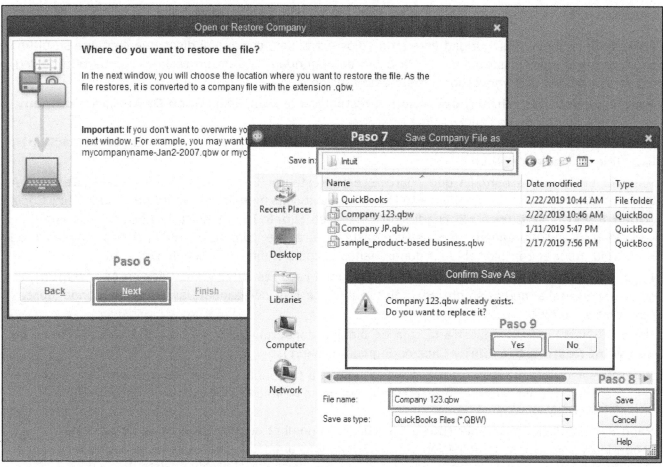

CERRANDO LOS LIBROS CONTABLES (YEAR-END CLOSSING)

Después de que haz impreso todos los informes del fin de año, ingresaste cualquier asiento de diario necesario y archivaste tus impuestos, es tradicional pasar por el ejercicio de cerrar los libros. Típicamente, el cierre de los libros ocurre algún tiempo después del final del año fiscal, por lo general dentro del primer par de meses del próximo año fiscal, tan pronto como se ha archivado todas las formas fiscales comerciales.

Tú cierras los libros para bloquearlos de modo que ningún usuario pueda añadir, quitar, o cambiar cualquier transacción. Después de haber presentado los impuestos sobre la base de la información en el sistema, nunca deberías cambiar nada.

COMPRENDIENDO EL CIERRE EN QUICKBOOKS

QuickBooks no utiliza los procedimientos tradicionalmente utilizados por otros paquetes de software de contabilidad. En la mayoría de los otros programas, cerrar el año significa que tú no puedes manipular las transacciones en cualquier fecha de ese año, ni se puede manipular cualquier transacción en un año cerrado. El cierre de los libros en QuickBooks no significa que la información queda congelada, los usuarios con los permisos adecuados pueden cambiar o borrar la información.

QuickBooks no requiere que cierres los libros a fin de seguir trabajando. Tú puedes seguir trabajando año tras año, sin el cierre. Sin embargo, la mayor parte de usuarios QuickBooks prefieren bloquear las transacciones durante un año a modo de prevenir cualquier cambio en los datos excepto por usuarios con los permisos apropiados. Algunos usuarios ajustan la fecha de cierre un poco más después de que ellos han presentado sus declaraciones de impuestos sobre las ventas o el retorno de pago de nómina. Ser recomienda realizar como mínimo un cierre al año.

CERRANDO EL AÑO

En QuickBooks, puedes cerrar el año al ingresar una fecha de cierre para bloquear las transacciones de forma que estas no puedan ser cambiadas por usuarios sin autorización:

Para establecer una fecha de cierre, siga estos pasos:

- **Paso 1.** Selecciona Editar (**Edit**) > Preferencias (**Preferences**) para abrir el cuadro de diálogo Preferencias (**Preferences**).

- **Paso 2.** Haz Click en Contabilidad (**Accounting**) en la lista de la izquierda.

- **Paso 3.** Selecciona la pestaña Preferencias de Empresa (**Company Preferences**).

- **Paso 4.** Haz Click en el botón Asignar Fecha / Contraseña (**Set Date/Password**) en la parte inferior de la pestaña. La caja de dialogo Fecha y contraseña (**Set Date/Password**) aparecerá ver abajo.

- **Paso 5.** Introduzca la fecha de cierre.

- **Paso 6.** Introduzca los datos en los cuadros Fecha de Cierre, Contraseña y Confirmar Contraseña (**Closing Date, Password and Confirm Password**) para evitar que los usuarios cambien las transacciones en el año cerrado y permitir que ciertos usuarios tengan acceso a estas transacciones cuando sea necesario.

- **Paso 7.** Haz Click **OK** para guardar tus cambios.

- **Paso 8.** Haz Click **OK** en la ventana de Preferencias para guardar todos los cambios.

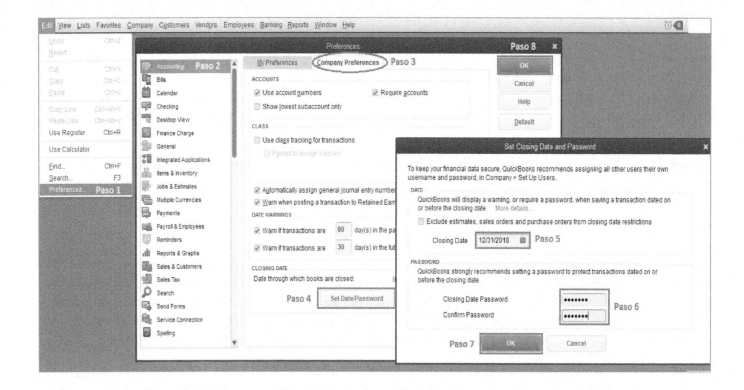

REPORTE DE EXCEPCIÓN DE FECHA DE CIERRE

Incluso con la protección de contraseña en el lugar, es posible hacer cambios en un año cerrado. Además, aquellos cambios para este año pueden hacer que los balances de apertura no sean exactamente igual que el balance de cierre del año pasado. Si tu contador o administrador descubren que los saldos de apertura del año no son iguales a los saldos de cierre del año pasado, pueden utilizar este informe para determinar el origen del error entre los balances de apertura y cierre.

Puedes imprimir el Informe de Excepción de Fecha de Cierre (**Exceptions to Closing Date**), como se muestra en la Figura a continuación, para ver una lista de todas las transacciones que se han añadido o modificado después de la fecha de cierre establecida para la empresa. Una operación que se ha cambiado muestra la fecha y el importe de la modificación, así como la fecha y el importe de la transacción original. Si has configurado los usuarios de QuickBooks para el archivo de tu empresa, el informe muestra el nombre del usuario que ha cambiado la transacción.

Para ver el Informe de Excepción de Fecha de Cierre, elija Informes (**Reports**) > Impuestos y Contabilidad (**Accountant & Taxes**) > Informe de Excepción de Fecha de Cierre (**Closing Date Exception Report**). Si no haz cerrado libros, este reporte no estará disponible.

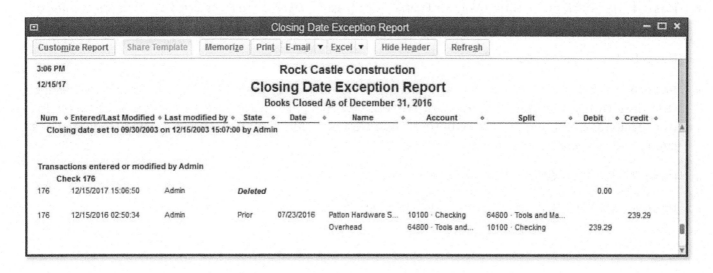

CREACIÓN DE UNA COPIA DE SEGURIDAD DE FIN DE AÑO

Una vez que hayas completado todas las tareas de fin de año y hayas ingresado una fecha de cierre, tal como se describe en la sección anterior, haz una copia de seguridad además de tu copia de seguridad normal diaria. No pongas esta copia de seguridad en uno de los discos o unidades flash USB que estás utilizando para las copias de seguridad normales. Utiliza un nuevo folder en un disco externo o una unidad flash USB marcada como Cierre del Año. Cuando hagas la copia de seguridad, dale el nombre "Copia de seguridad de fin de año 20XX" y ubícala en un lugar seguro.

Made in the USA
Monee, IL
13 March 2020